COLLECTION HETZEL.

L'HOROSCOPE

PAR

ALEX. DUMAS.

III

VOYAGES

HISTOIRE

Édition autorisée pour la Belgique et l'étranger,
interdite pour la France

BRUXELLES,
OFFICE DE PUBLICITÉ,
MONTAGNE DE LA COUR, 39

1858

POÉSIES

L'HOROSCOPE.

Bruxelles. — Imp. de E. Guyot, succ. de Stapleaux,
rue de Schaerbeck, 12.

COLLECTION HETZEL.

L'HOROSCOPE

PAR

ALEX. DUMAS.

3

Édition autorisée pour la Belgique et l'Étranger,
interdite pour la France.

BRUXELLES,
OFFICE DE PUBLICITÉ,
MONTAGNE DE LA COUR, 39.

1858

I

— Où M. de Condé prêche la révolte au roi. —

On se souvient de la promesse que le prince de Condé avait faite, la veille au soir, à Robert Stuart et du rendez-vous qu'il avait pris pour la nuit tombante avec le jeune homme sur la place Saint-Germain-l'Auxerrois.

Le prince de Condé entrait au Louvre juste au moment où la reine sortait de l'appartement de son fils.

Il venait remplir cette promesse en demandant au roi la grâce d'Anne Dubourg.

On l'annonça chez le roi.

— Qu'il entre, répondit le roi d'une voix faible.

Le prince entra et aperçut le jeune homme plutôt couché qu'assis dans son fauteuil et essuyant avec son mouchoir son front couvert de sueur.

Il avait les yeux éteints, la bouche béante, le visage livide.

On eût dit une statue de la Peur.

— Ah ! ah ! murmura le prince, l'enfant a du chagrin.

Qu'on n'oublie pas que le prince avait assisté à la fin de la scène entre le roi et mademoiselle de Saint-André, et avait entendu les promesses que celui-ci avait faites à sa maîtresse.

En apercevant le prince, la figure du roi s'éclaira tout à coup. Le soleil en personne entrant dans la sombre chambre ne l'eût pas plus subitement illuminée. On eût dit que le jeune roi venait de faire une grande découverte. La pensée rayonnait sur son front, pareille à une espérance. Il se leva et marcha au-devant du prince. On eût dit qu'il allait se jeter sur sa poitrine et l'embrasser.

C'était la force attirant à elle la faiblesse, avec la puissanee de l'aimant attirant le fer.

Le prince, qui paraissait médiocrement se

soucier de l'embrassade, s'inclina dès le premier pas qu'il vit faire au roi pour aller au-devant de lui.

François, réprimant lui-même ce premier entraînement, s'arrêta et tendit la main au prince.

Celui-ci, ne pouvant se dispenser de baiser la main qu'on lui tendait, en prit bravement son parti.

Seulement, en y appuyant ses lèvres, il se demandait à lui-même :

— A quoi diable puis-je lui être bon, qu'il me fait aujourd'hui si bon accueil ?

— Oh ! que je suis heureux de vous voir ; mon cousin ! dit le roi avec tendresse.

— Et moi, sire, je suis à la fois heureux et honoré.

— On ne saurait venir plus à propos, prince.

— Vraiment ?

— Oui ! je m'ennuyais horriblement.

— En effet, dit le prince, Votre Majesté portait sur son front, au moment où je suis entré, les traces d'un profond ennui.

— Profond, c'est le mot. Oui, mon cher prince, je m'ennuie affreusement.

— Royalement, enfin, dit le prince en s'inclinant et en souriant.

— Et ce qu'il y a de triste dans tout cela

mon cousin, continua François II avec un profond sentiment de mélancolie, c'est que je n'ai pas un ami à qui confier mes peines.

— Le roi a des peines? demanda Condé.

— Oui, et de sérieuses, de véritables, mon cousin.

— Et qui donc est assez audacieux pour causer des peines à Votre Majesté?

— Une personne qui, par malheur, en a le droit, mon cousin.

— Je ne connais personne, sire, qui ait le droit de chagriner le roi.

— Personne?

— Personne, sire.

— Pas même la reine mère?

— Ah! ah! pensa tout bas le prince, il paraît que la reine mère a donné le fouet à son poupon.

Puis, tout haut :

— Pas même la reine mère, sire, répéta le prince.

— C'est votre avis, mon cousin?

— C'est non-seulement mon avis, sire, mais c'est encore, je le présume, celui de tous les fidèles sujets de Votre Majesté.

— Savez-vous que c'est grave, ce que vous me dites là, monsieur mon cousin!

— En quoi est-ce grave, sire ?

— En ce que vous prêchez à un fils la révolte contre sa mère.

Et il dit ces mots en regardant autour de lui comme un homme qui craint d'être entendu, quoique en apparence il soit seul.

En effet, François n'ignorait pas que, pour quiconque avait leur secret, les murailles du Louvre laissaient passer les sons comme le filtre laisse passer l'eau.

N'osant donc avouer toute sa pensée, il se contenta de dire :

— Ah ! c'est votre opinion que la reine mère n'a pas le droit de me chagriner. Que feriez-vous donc, mon cousin, si vous étiez roi de France et que la reine mère vous chagrinât... en somme, et pour abréger, si vous étiez à ma place ?

Le prince comprit quelle était la crainte du roi ; mais, comme en toute circonstance il avait pris l'habitude de dire ce qu'il pensait :

— Ce que je ferais à votre place, sire ?

— Oui !

— A votre place, je me révolterais.

— Vous vous révolteriez ? s'écria François tout joyeux.

—Oui, dit le prince purement et simplement.

— Mais de quelle façon se révolter, mon cher Louis ? demanda François en se rapprochant du prince.

— Mais comme on se révolte, sire : en se révoltant. Consultez ceux qui sont coutumiers du fait. Il n'y a pas un nombre de moyens très-varié : en n'obéissant point, par exemple, ou en faisant, du moins, tout ce qu'on peut pour se soustraire à une autorité injuste, à une tyrannie implacable.

— Mais, cousin, dit François pensif et méditant évidemment les paroles du prince, un serf peut se révolter ainsi contre son seigneur ; mais un fils ne peut pas plus, il me semble, dans le sens absolu du mot, se révolter contre sa mère, qu'un sujet contre son roi...

— Que font donc en ce moment, dit le prince, ces milliers de huguenots qui semblent tout à coup sortir de terre du fond de vos plus lointaines provinces, dans les Pays-Bas, en Allemagne, sinon une immense révolte contre le pape ? Et c'est un roi, s'il en fut !

— Oui, prince, répondit François, de pensif devenant sombre ; oui, vous avez raison, et je vous suis reconnaissant de me parler ainsi. Je vous vois trop rarement, mon cousin ; vous êtes un des membres de ma famille, l'homme dans lequel j'ai le plus de confiance, le seigneur de la cour pour lequel j'ai le plus d'amitié. Dès mon enfance, mon cher prince, j'ai eu pour vous une sympathique affection, que votre courageuse franchise justifie pleinement. Nul autre ne m'aurait parlé comme vous venez de le faire : je vous en remercie doublement ; et, pour vous donner une preuve de ma reconnaissance, je vais vous faire une confidence que je n'ai faite à personne, et que la reine mère vient de m'arracher tout à l'heure.

— Faites, sire.

Le roi jeta son bras autour du cou de Condé.

— Aussi bien, mon cher prince, continua-t-il, peut-être aurai-je besoin non-seulement de votre conseil, comme je viens de vous le demander, mais encore de votre appui.

— Je suis en tout point aux ordres de Votre Majesté.

— Eh bien, mon cousin, je suis éperdument amoureux.

— De la reine Marie ?... Je sais cela, sire, dit Condé, et cela fait véritablement scandale à la cour.

— Non pas de la reine Marie... mais d'une de ses filles d'honneur.

— Bah ! s'écria le prince jouant le plus profond étonnement. — Et il va sans dire que Votre Majesté est payée de retour ?

— On m'aime au delà de toute expression, cousin !

— Et on a donné à Votre Majesté des preuves de cet amour ?

— Oui.

— Ce qui me surprendrait, sire, c'est qu'il en fût autrement.

— Tu ne me demandes pas qui, Louis?

— Je ne me permettrai pas d'interroger mon roi ; mais j'attends qu'il veuille bien compléter la confidence.

— Louis ! c'est la fille d'un des plus grands seigneurs de la cour de France.

— Ah ! bah !...

— C'est la fille du maréchal de Saint-André, Louis !

— Recevez mes sincères compliments, sire. Mademoiselle de Saint-André est une des plus belles personnes du royaume.

— N'est-ce pas, n'est-ce pas que c'est ton opinion, Louis ? s'écria le roi au comble de la joie.

— Il y a longtemps, sire, que j'ai exactement sur mademoiselle de Saint-André la même pensée que Votre Majesté.

— C'est une sympathie de plus entre nous deux, mon cousin.

— Je n'oserais pas m'en vanter, sire !

— Ainsi, tu trouves que j'ai raison ?

— Cent fois raison ! Quand on rencontre une belle fille, fût-on roi ou manant, on a toujours raison de l'aimer, et surtout de se faire aimer d'elle.

— Ainsi, c'est ton avis ?

— Et ce sera celui de tout le monde, excepté M. de Joinville... Par bonheur, le roi, je le présume, ne lui demandera pas conseil, et, comme il est probable qu'il ignorera toujours l'honneur que le roi a fait à sa fiancée...

— Voilà ce qui te trompe, Louis, dit le roi : c'est qu'il le sait.

— Votre Majesté veut dire qu'il soupçonne quelque chose ?

— Je te dis qu'il sait tout.

— Oh ! c'est impossible...

— Mais puisque c'est moi qui te le dis !

— Mais c'est incroyable, sire !

— Et cependant il faut bien le croire... Toutefois, continua le roi en fronçant le sourcil, je n'attacherais pas une grande importance à ce fait, s'il n'avait été suivi de circonstances d'une gravité extraordinaire qui ont amené, entre ma mère et moi, la scène violente dont je t'ai dit quelques mots.

— Mais qu'a-t-il donc pu arriver de plus grave, sire? J'attends que Votre Majesté veuille me faire pénétrer au fond de ce mystère, dit avec ingénuité le prince de Condé, qui, mieux que personne cependant, connaissait l'affaire à fond.

Alors, le roi se mit à raconter d'une voix lamentable,—qui, de temps en temps, reprenait une certaine fermeté farouche, — la scène violente qui venait d'avoir lieu entre lui et sa mère.

Le prince écoutait avec une attention profonde. Puis, quand François eut fini :

— Eh bien, mais, sire, dit-il, il me semble que vous vous en êtes assez bien tiré et que vous voici, pour cette fois, hors de page.

Le roi regarda le prince, et, passant son bras sous le sien :

— Oui, mon cousin, dit-il, oui, je m'en suis assez bien tiré ; tant qu'elle a été là, du moins, quelque chose qui ressemblait à la joie d'un esclave qui brise sa chaîne me donnait de la force. J'ai laissé la reine partir avec cette croyance que ma révolte était sérieuse. Mais, la porte refermée derrière elle ; mais, resté seul...

— tenez, il faut que je sois franc avec vous, — tous les muscles de mon corps, toutes les fibres de ma volonté se sont détendus, et, si vous n'étiez pas arrivé, mon cousin, je crois que j'allais, comme autrefois, aller la trouver, me jeter à ses pieds et lui demander pardon.

— Oh! gardez-vous-en bien, sire! s'écria Condé. Vous seriez perdu!

— Je le sais bien, dit le roi en serrant le bras de Condé comme un naufragé serre l'épave flottante dont il attend son salut.

— Mais, enfin, pour vous causer une pareille terreur, il faut que la reine mère vous ait menacé de quelque grand malheur, de quelque péril suprême...

— Elle m'a menacé de la guerre civile.

— Ah!... Et où Sa Majesté voit-elle donc la guerre civile?

— Mais où vous la voyiez vous-même tout à l'heure, mon cousin. Le parti huguenot est puissant; mais M. de Guise, son ennemi, est puissant aussi. Eh bien, ma mère, qui ne voit que par les Guises, qui ne mène le royaume que par les Guises, qui m'a marié à une femme qui est parente de MM. de Guise, ma mère m'a menacé de la colère et, qui pis est, de l'abandon de MM. de Guise.

— Et le résultat de tout cela, sire?

— C'étaient les hérétiques maîtres du royaume.

— Et vous avez répondu à cela, sire ?...

— Rien, Louis. Qu'avais-je à répondre ?

— Oh ! bien des choses, sire !

Le roi haussa les épaules.

— Une entre autres, continua le prince.

— Mais laquelle ?

— C'est qu'il y avait un moyen d'empêcher les hérétiques d'être maîtres du royaume.

— Et ce moyen ?

— C'est de vous mettre aussi à la tête des hérétiques, sire.

Le jeune roi resta un instant pensif et le sourcil froncé.

— Oui, dit-il, il y a là une idée supérieure, mon cousin, un de ces jeux de bascule auxquels excelle ma mère Catherine. Mais le parti protestant me hait...

— Et pourquoi vous haïrait-il, sire ? Il sait que, jusqu'ici, vous n'avez été qu'un instrument aux mains de votre mère.

— Instrument ! instrument ! répéta François.

— Mais tout à l'heure ne le disiez-vous pas vous-même, sire?... Le parti huguenot n'a point de parti pris contre le roi : il hait la reine mère, voilà tout.

— Je la hais bien, moi, murmura le jeune homme à voix basse.

Le prince surprit ces mots, si bas qu'ils eussent été prononcés.

— Eh bien, sire? demanda-t-il.

Le roi regarda son cousin.

— Si le projet vous paraît bon, continua le prince, pourquoi ne pas l'adopter ?

— Ils n'auront pas confiance en moi, Louis ; il faudra leur donner un gage; et... quel gage leur donner ?

— Vous avez raison, sire ; mais l'occasion est bonne. Vous pouvez leur donner en ce moment un gage, un vrai gage royal, la vie d'un homme...

— Je ne comprends pas, dit le roi.

— Vous pouvez faire grâce au conseiller Dubourg.

— Mon cousin, dit le roi pâlissant, ici même, là, tout à l'heure, ma mère me disait en parlant de lui : « Il faut qu'il meure! »

— Vous lui disiez donc, vous, sire, qu'il fallait qu'il vécût?

— Oh! faire grâce à Anne Dubourg! murmura le jeune homme en regardant autour de lui comme effrayé seulement à cette idée qu'il pouvait avoir de faire grâce.

— Eh bien, oui, sire, faire grâce à Anne Dubourg. Que voyez-vous donc de si étonnant à cela ?

— Rien certainement, mon cousin.

— N'est-ce pas votre droit ?

— C'est le droit du roi, je le sais.

— Eh bien, n'êtes-vous pas le roi ?

— Je ne l'ai pas encore été, du moins.

— Eh bien, sire, c'est entrer dans la royauté par une belle porte, c'est monter au trône par un riche degré.

— Mais le conseiller Anne Dubourg...

— Est un des hommes les plus vertueux de votre royaume, sire. Demandez à M. de l'Hospital, qui s'y connaît.

— Je sais, en effet, que c'est un honnête homme.

— Ah ! sire, c'est déjà beaucoup que vous disiez cela.

— Beaucoup ?

— Oui, un roi ne fait pas mourir un homme qu'il a reconnu pour honnête homme.

— Il est dangereux !

— Un honnête homme n'est jamais dangereux.

— Mais MM. de Guise le détestent.

— Ah !

— Mais ma mère le déteste.

— Raison de plus, sire, pour commencer votre rébellion contre MM. de Guise et contre la reine mère en accordant la grâce du conseiller Dubourg.

— Mon cousin !

— Dame, j'espère que Votre Majesté ne se donne pas la peine de se révolter contre la reine mère pour lui être agréable.

— C'est vrai, Louis ; mais la mort de M. Dubourg est accordée, c'est chose convenue entre MM. de Guise, ma mère et moi ; il n'y a pas à revenir là-dessus.

Le prince de Condé ne put s'empêcher de jeter un regard de dédain sur ce roi qui regardait comme une chose convenue, et sur laquelle il n'y avait pas à revenir, la mort d'un des plus honnêtes magistrats du royaume, quand ce magistrat était encore vivant et qu'il n'avait qu'un mot à dire pour qu'il ne mourût pas.

— Puisque c'est une *affaire convenue*, sire, dit-il avec un accent de profond mépris, n'en parlons plus.

Et il s'apprêta à saluer le roi pour se retirer, mais le roi l'arrêta.

— Oui, c'est cela, dit-il, n'en parlons plus, ne parlons plus du conseiller; mais parlons d'autre chose.

— Et de quoi, sire? demanda le prince, qui n'était venu que pour cela.

— Mais, enfin, mon cher prince, il n'y a pas qu'une seule voie pour sortir d'une situation embarrassante? Vous avez un génie inventif: trouvez-moi un second moyen.

— Sire, c'est Dieu qui vous avait trouvé le premier. Les hommes n'inventeront rien de pareil.

— En vérité, mon cousin, dit le jeune roi, je me sens ému moi-même à la pensée que je fais mourir un innocent.

— Alors, sire, dit le prince avec une certaine solennité, alors écoutez cette voix de votre conscience. La bonté aussi est féconde, elle aussi fait fleurir dans le cœur du sujet l'amour pour son roi. Faites grâce à M. Dubourg, sire, et, à partir du jour où vous aurez fait grâce, c'est-à-dire usé d'un droit royal, tout le monde saura que c'est vous qui régnez souverainement, véritablement!

— Tu le veux, Louis?

— Sire, je vous le demande en grâce, et cela, je vous le jure, dans l'intérêt de Votre Majesté!

— Mais que va dire la reine?

— Quelle reine, sire?

— La reine mère, pardieu !

— Sire, il ne doit y avoir d'autre reine au Louvre que la vertueuse épouse de Votre Majesté. Madame Catherine est reine parce qu'on la redoute. Faites-vous aimer, sire, et vous serez roi !

Le roi parut faire un effort et arrêter une résolution suprême.

— Eh bien, je répéterai le mot que vous avez si bien commenté. C'est convenu, mon cher Louis, dit-il ; merci de vos bons conseils, merci de me faire faire acte de justice, merci de m'enlever un remords ! Donnez-moi une plume et un parchemin.

Le prince de Condé approcha le fauteuil du roi près de la table.

Le roi s'assit.

Le prince de Condé lui présenta le parchemin qu'il avait demandé ; le roi prit la plume que le prince lui présentait et écrivit la phrase sacramentelle :

« François, par la grâce de Dieu, roi de France, à tous présents et à venir, salut... »

Il en était là quand l'officier qu'il avait envoyé

à l'hôtel Coligny rentra et annonça madame l'amirale.

Le roi s'interrompit où il en était, se leva tout à coup, et, de doux qu'il était, son visage prit une indéfinissable expression de férocité.

— Qu'avez-vous, sire? demanda le prince de Condé étonné lui même de ce brusque changement de visage.

— Vous allez le savoir, mon cousin.

Puis, se retournant vers l'officier :

— Faites entrer madame l'amirale, dit-il.

— Madame l'amirale a sans doute à entretenir Votre Majesté d'une affaire personnelle, sire, dit le prince : je vais me retirer, si Votre Majesté le permet...

— Non point! je désire, au contraire, que vous restiez, mon cousin, que vous assistiez à notre conversation, que vous n'en perdiez pas un mot. Vous savez déjà comment je pardonne, dit-il en montrant le parchemin. Je vais vous montrer comment je punis.

Le prince de Condé sentit passer quelque chose comme un frissonnement. Il comprit que cette présence de l'amirale chez le roi, où elle ne venait jamais que contrainte et forcée, se rattachait au motif qui l'y amenait lui-même, et il eut comme un vague pressentiment qu'il allait se passer quelque chose de terrible.

Après être retombée pendant quelques secondes, la tapisserie se releva, et l'amirale parut.

II

— Où le roi change d'opinion à l'endroit de M. de Condé et du conseiller Anne Dubourg. —

Madame l'amirale, avant de voir le roi, avait d'abord aperçu le prince de Condé, auquel elle s'apprêtait à jeter le regard le plus souriant et le plus affectueux, quand ce regard rencontra inopinément le visage du roi.

L'expression de colère empreinte sur ce visage fit baisser la tête à l'amirale, qui s'approcha en tremblant.

Arrivée devant le roi, elle s'inclina.

— Je vous ai fait appeler, madame l'amirale, dit le roi les lèvres blémissantes et les dents serrées, pour vous demander le mot d'une énigme que je cherche inutilement à deviner depuis ce matin.

— Je suis toujours aux ordres de mon roi, balbutia l'amirale.

— Même pour déchiffrer des énigmes, reprit François. Tant mieux ! je suis enchanté de savoir cela, et nous allons incontinent nous mettre à l'œuvre.

L'amirale s'inclina.

— Veuillez donc nous expliquer, à notre cher cousin de Condé et à nous, reprit le roi, comment il se fait qu'un billet, écrit par notre ordre à une personne de la cour, ait été perdu par vous, hier au soir, dans les appartements de la reine mère ?

Ce fut au tour du prince de Condé à comprendre ce que voulait dire ce frissonnement qu'il avait éprouvé à l'annonce de l'amirale.

Toute la vérité parut à ses yeux comme si elle sortait de terre, et ces mots terribles du roi bourdonnèrent à ses oreilles « Je vais vous montrer comment je punis ! »

Il regarda l'amirale.

Celle-ci avait les yeux fixés sur lui, car elle

semblait lui demander : « Que faut-il répondre au roi ? »

Le roi ne comprit pas la pantomime des deux complices et continua :

— Eh bien, madame l'amirale, dit-il, voilà l'énigme posée ; nous vous en demandons le mot.

L'amirale se tut.

Le roi continua :

— Mais peut-être n'avez-vous pas bien compris ma question : je vais la répéter. Comment se fait-il qu'un billet qui ne vous était pas adressé se soit trouvé entre vos mains, et par quelle maladresse ou quelle perfidie ce billet est-il tombé de votre poche sur le tapis de la chambre de la reine mère et est-il passé du tapis de la chambre de la reine mère dans les mains de M. de Joinville ?

L'amirale avait eu le temps de se remettre.

— Bien simplement, sire, dit-elle en recouvrant son sang-froid. J'ai trouvé ce billet dans le corridor du Louvre qui conduit à la chambre des Métamorphoses ; je l'ai ramassé, je l'ai lu et, n'en connaissant pas l'écriture, je l'ai porté chez la reine mère dans l'intention de lui demander si elle était plus savante que moi. Il y avait chez Sa Majesté grande assemblée de poëtes et d'écrivains, et parmi eux M. de Brantôme, lequel a raconté de si prodigieuses histoires, que chacun en a ri aux larmes, moi comme les autres, sire; si bien, qu'en riant j'ai tiré mon mouchoir, et que mon mouchoir a fait lui-même sortir de ma poche et tomber à terre ce malheureux billet que j'avais oublié. Quand je l'ai voulu chercher, il n'y était plus, ni dans ma poche ni même autour de moi, et je présume que M. de Joinville l'avait déjà ramassé.

— La chose est très-vraisemblable, dit le roi avec un sourire railleur; mais je ne la tiens pas pour vraie, si vraisemblable qu'elle soit.

— Que veut dire Votre Majesté? demanda l'amirale avec inquiétude.

— Vous avez trouvé ce billet? demanda le roi.

— Oui, sire.

— Eh bien, rien alors ne vous est plus facile que de me dire dans quoi il était enveloppé...

— Mais, balbutia l'amirale, il n'était aucunement enveloppé, sire.

— Il n'était pas enveloppé dans quelque chose?

— Non, dit l'amirale en pâlissant; il était simplement plié en quatre.

Un éclair illumina l'esprit de M. le prince de Condé.

Évidemment mademoiselle de Saint-André avait expliqué au roi la perte de son billet par la perte de son mouchoir. Par malheur, la chose, qui devenait transparente pour M. de Condé, restait obscure pour madame l'amirale.

Elle baissa donc la tête sous le regard inquisiteur du roi, se troublant de plus en plus, avouant par son silence qu'elle avait mérité la colère qu'elle sentait peser sur elle.

— Madame l'amirale, dit François, pour une dévote personne comme vous êtes, vous avouerez que voilà un mensonge des plus hardis.

— Sire! balbutia l'amirale.

— Sont-ce là les fruits de la religion nouvelle, madame? continua le roi. Voici notre cousin de Condé qui, bien que prince catholique, nous prêchait tout à l'heure la réforme en termes vraiment émouvants. Répondez donc vous-même à madame l'amirale, notre cher cousin, et dites-lui de notre part qu'à quelque religion qu'on appartienne, on est toujours mal venu de tromper son roi.

— Grâce, sire! balbutia l'amirale les larmes aux yeux, en voyant la colère du roi monter peu à peu avec la rapidité de la marée.

— Et à propos de quoi me demandez-vous grâce, madame l'amirale? dit François. J'aurais mis ma main au feu, il n'y a pas une heure encore, quelque chose que l'on pût me dire de vous, que vous étiez la plus rigide personne de mon royaume.

— Sire! s'écria l'amirale en relevant fièrement la tête, votre colère, soit, mais non vos railleries. C'est vrai, je n'ai point trouvé le billet.

— Ah! vous l'avouez? dit triomphalement le roi.

— Oui, sire, répondit simplement l'amirale.

— Alors quelqu'un vous avait remis ce billet?

— Oui, sire.

Le prince suivait la conversation avec l'intention visible d'intervenir quand il jugerait le moment arrivé.

— Et qui vous l'a remis, madame l'amirale? demanda le roi.

— Je ne saurais nommer cette personne, sire, répondit fermement madame de Coligny.

— Et pourquoi donc cela, ma cousine? dit le prince de Condé en intervenant et en lui coupant la parole.

— Oui, pourquoi cela? reprit le roi, enchanté du renfort qui lui arrivait.

L'amirale regarda le prince, comme pour lui

demander l'explication des paroles qu'il venait de prononcer.

— Sans doute ! continua le prince, répondant à l'interrogation muette de l'amirale, je n'ai aucune raison pour cacher la vérité au roi.

— Ah ! fit le roi se tournant vers le prince de Condé, vous savez donc le fin mot de cette histoire, vous ?

— Parfaitement, sire.

— Et comment cela ?

— Mais, sire, répondit le prince, parce que j'y ai joué le principal rôle.

— Vous, monsieur ?

— Moi-même, sire.

— Et comment se fait-il que vous ne m'en ayez pas encore dit un mot jusqu'à présent ?

— Parce que, sire, répondit le prince sans se déconcerter, parce que vous ne m'avez pas fait l'honneur de m'interroger et que je ne me permettrais pas de raconter une anecdote, quelle qu'elle fût, à mon gracieux souverain, sans y être autorisé par lui.

— J'aime votre déférence, cousin Louis, dit François. Toutefois, le respect a des bornes, et l'on peut prévenir les questions de son souverain quand on croit lui être utile ou tout au moins agréable. Faites-moi donc la grâce, monsieur, de me dire tout ce que vous savez à ce sujet, et quelle espèce de rôle vous avez joué dans toute cette histoire.

— J'ai joué le rôle du hasard. C'est moi qui ai trouvé le billet.

— Ah ! c'est vous ! dit le roi en fronçant le sourcil et en regardant sévèrement le prince. Alors, je ne suis plus étonné que vous attendiez mes questions. Ah !... c'est vous qui avez trouvé le billet !

— C'est moi, oui, sire.

— Et où cela ?

— Mais dans le couloir qui conduit à la salle des Métamorphoses, comme avait tout à l'heure l'honneur de vous le dire madame l'amirale.

Le regard du roi allait du prince à l'amirale et semblait chercher à pénétrer quelle espèce de connivence il pouvait y avoir entre eux.

— Alors, mon cousin, dit-il, puisque c'est vous qui l'avez trouvé, vous devez savoir dans quoi il était enfermé.

— Il n'était pas enfermé, sire.

— Comment ! s'écria le roi en blémissant, vous osez me dire que le billet n'était pas enfermé !

— Oui, sire, j'ai l'audace de dire la vérité, et j'ai l'honneur de répéter à Votre Majesté que le billet n'était pas enfermé, mais délicatement enveloppé.

— Enveloppé ou enfermé, monsieur, dit le roi, n'est-ce point la même chose ?

— Ah ! sire, dit le prince, il y a entre les deux mots une différence extraordinaire. On enferme un prisonnier, mais on enveloppe une lettre.

— Je ne vous savais pas si grand linguiste, mon cousin.

— Les loisirs que me laisse la paix me permettent d'étudier la grammaire, sire !

— Enfin, monsieur, pour en finir, dites-moi dans quoi le billet était enveloppé ou enfermé.

— Dans un fin mouchoir brodé aux quatre coins, sire, et c'est dans un des coins que le billet était noué !

— Où est ce mouchoir ?

Le prince tira le mouchoir de sa poitrine.

— Le voici, sire !

Le roi arracha violemment le mouchoir des mains du prince de Condé.

— Bien ! mais, maintenant, comment se fait-il que le billet trouvé par vous soit entre les mains de madame l'amirale ?

— Rien de plus simple, sire. En descendant les degrés du Louvre, j'ai rencontré madame l'amirale et je lui ai dit : « Ma cousine, voici un billet perdu par quelque gentilhomme ou quelque dame du Louvre. Veuillez vous informer qui peut avoir perdu un billet, — la chose vous est facile, par Dandelot, qui est de garde, — et remettez, je vous prie, le billet à son propriétaire. »

—C'est très-naturel, en effet, cousin, dit le roi, qui ne croyait pas un mot de toute cette histoire.

— Alors, sire, dit le prince de Condé en faisant mine de se retirer, puisque j'ai eu l'honneur de satisfaire entièrement Votre Majesté...

Mais le roi l'arrêta du geste.

—Encore un mot, mon cousin, s'il vous plaît, dit-il.

— Comment ! sire, volontiers.

— Madame l'amirale, dit le roi en se retournant vers madame de Coligny, je vous reconnais pour une loyale sujette ; car, dans la situation où vous étiez vis-à-vis de M. le prince de Condé, vous m'avez dit tout ce que vous pouviez me dire. Je vous demande pardon de vous avoir dérangée. Vous êtes libre et demeurez dans nos bonnes grâces. Le reste de l'explication regarde M. de Condé.

L'amirale salua et sortit.

M. de Condé eût bien voulu en faire autant ; mais il était retenu par l'ordre du roi.

L'amirale sortie, le roi s'approcha du prince, les dents serrées, les lèvres violettes.

— Monsieur, dit-il, vous n'aviez pas besoin de recourir à madame l'amirale pour savoir à qui était adressé le billet.

— Comment cela, sire ?

— Attendu que voici dans un coin du mouchoir les initiales et dans l'autre les armes de mademoiselle de Saint-André.

Ce fut au tour de M. de Condé de baisser la tête.

— Vous saviez que le billet appartenait à mademoiselle de Saint-André, et, le sachant, vous avez exposé ce billet à tomber entre les mains de la reine mère.

— Votre Majesté me rendra au moins la justice de reconnaître que j'ignorais qu'il fût écrit par son ordre, et que ce billet connu pouvait la compromettre ?

— Monsieur, vous qui connaissez si bien la valeur des mots de la langue française, vous devez savoir que rien ne compromet ma majesté; je fais ce qui me plaît, et personne n'a rien à y voir ni rien à y dire, et la preuve...

Il alla à la table, prit le parchemin déjà rayé par une ligne et demie de son écriture.

— Et la preuve, tenez...

Il fit le mouvement de déchirer le parchemin.

— Ah ! sire, que votre colère tombe sur moi et non sur un innocent !

— Du moment où mon ennemi le protége, il n'est plus innocent pour moi, monsieur.

— Votre ennemi, sire ! s'écria le prince ; le roi me considère-t-il comme son ennemi ?

— Pourquoi pas, puisque de ce moment je suis le vôtre ?

Et il déchira le parchemin.

— Sire, sire, au nom du ciel ! s'écria le prince.

— Monsieur, voici ma réponse aux menaces que vous faisiez tout à l'heure au nom du parti huguenot. Je le défie, monsieur, et vous avec lui, s'il vous plaît par hasard d'en prendre le commandement. Ce soir, le conseiller Anne Dubourg sera exécuté.

— Sire, c'est le sang d'un innocent, c'est le sang d'un juste qui va couler !

— Et bien, dit le roi, qu'il coule et qu'il tombe goutte à goutte sur la tête de celui qui le répand.

— Et celui-là, sire ?

— C'est vous, monsieur de Condé !

Et, montrant du doigt la porte au prince :

— Sortez, monsieur ! dit-il.

— Mais, sire..., insista le prince.

— Sortez, vous dis-je! grinça le roi en frappant du pied. Il n'y aurait pas sûreté pour vous à rester dix minutes de plus au Louvre.

Le prince s'inclina et sortit.

Le roi, écrasé, tomba dans son fauteuil, les coudes sur la table, la tête entre ses mains.

III

— Déclaration de guerre. —

On comprend facilement que, si le roi était furieux, le prince de Condé n'était pas en proie à une rage moins grande, et cette rage était d'autant plus intense, qu'il ne pouvait s'en prendre à personne qu'à lui-même de ce qui lui arrivait, puisque c'était lui qui était venu chez mademoiselle de Saint-André, puisque c'était lui qui avait découvert le billet dans le mouchoir, puisque c'était lui, enfin, qui avait remis ce billet à l'amiral de Coligny.

Aussi, comme tous les gens qui se trouvent empêtrés par leur faute dans une mauvaise affaire, résolut-il de mener celle-ci jusqu'au bout et de brûler jusqu'au dernier vaisseau sur lequel il pouvait faire retraite.

D'ailleurs, après avoir souffert tout ce que lui avait fait souffrir mademoiselle de Saint-André, son plus grand désespoir, — car il eût ressemblé à une honte et une impuissance, — eût été de se retirer sans lancer en se retirant cette flèche de Parthe qui revient si souvent percer le cœur de l'amoureux qui la lance : la vengeance.

Or, la vengeance contre le roi, il l'avait déjà résolue; mais la vengeance contre mademoiselle de Saint-André, il la méditait encore.

Un instant, il se demanda s'il n'y avait pas une certaine lâcheté à lui, homme, de se venger d'une femme; mais, de même qu'il s'était interrogé, il se répondit à lui-même que ce n'était pas un faible ennemi que cette jeune fille au cœur dissimulé et vindicatif, qui allait devenir, le jour même, sans doute, la maîtresse déclarée du roi.

Oui, certes, il courait un moins grand danger à envoyer un appel au plus brave et au plus adroit gentilhomme de la cour, qu'à se brouiller sans merci avec mademoiselle de Saint-André.

Il savait bien qu'une fois brouillé avec elle, c'était une guerre mortelle, sans paix ni trêve, qu'il lui faudrait soutenir contre elle, et que cette guerre durerait, féconde en périls, en embûches, en attaques ouvertes ou souterraines tant que durerait l'amour du roi.

Et avec la beauté splendide de son ennemie, avec son caractère multiple, avec son tempérament plein de lascifs enivrements, il comprenait que cet amour, comme celui de Henri II pour la duchesse de Valentinois, pouvait durer aussi longtemps que sa vie.

Il ne courait donc pas le danger de l'homme brave qui va face à face affronter le lion ; mais il bravait ce péril, bien autrement sérieux, quoique moins grave en apparence, du voyageur imprudent qui, armé d'une simple baguette, s'amuse à agacer ce charmant serpent cobra dont la moindre piqûre est mortelle.

Ce danger était si grand en réalité, que le prince se demanda un instant s'il était bien nécessaire d'ajouter cette foudre nouvelle aux éclairs et aux tonnerres qui grondaient déjà sur sa tête.

Mais, de même qu'il avait hésité quand, avant de réfléchir, il avait craint de tomber dans une lâcheté, de même il se sentit invinciblement poussé en avant quand il vit que son action, lâche en apparence, était, en réalité, téméraire jusqu'à la folie.

S'il lui eût fallu descendre les escaliers, traverser la cour, remonter dans quelque autre corps de logis, mettre enfin le temps d'une réflexion plus sérieuse entre sa sortie de l'appartement du roi et son entrée dans celui de mademoiselle de Saint-André, peut-être la raison fût-elle venue à son aide, et, comme la Minerve antique, tirant par la main Ulysse de la mêlée, la froide déesse l'eût-elle tiré hors du Louvre. Mais, par malheur, le prince n'avait qu'à suivre le corridor dans lequel il se trouvait, pour rencontrer à sa gauche, après un ou deux détours, la porte de mademoiselle de Saint-André.

Il sentait que chaque pas qu'il faisait l'en rapprochait, et, à chaque pas, les pulsations de son cœur redoublaient de rapidité et de violence.

Enfin, il arriva devant cette porte.

Il pouvait détourner la tête, passer, continuer son chemin. Sans doute, c'était le conseil que lui donnait tout bas son bon ange, mais il n'écouta que le mauvais. Il s'arrêta comme si ses pieds prenaient racine au parquet, et Daphné changée en laurier ne semblait pas plus immuablement fixée à la terre.

Après un instant, non d'hésitation, mais de réflexion, comme César lançant sa javeline de l'autre côté du Rubicon :

— Allons ! dit-il. *Alea jacta est !*

Et il frappa.

La porte s'ouvrit.

Le prince pouvait encore avoir cette chance, que mademoiselle de Saint-André fût sortie ou ne voulût pas le recevoir.

La destinée était écrite, — mademoiselle de Saint-André était chez elle, et ces deux mots : « Faites entrer, » arrivèrent jusqu'au prince.

Dans l'intervalle que l'on mit à le conduire de l'antichambre où il attendait la réponse au boudoir où cette réponse avait été prononcée à voix assez haute pour qu'on l'entendît, Louis de Condé sentit passer, comme un éblouissement devant ses yeux et devant son cœur, tout ce vaste panorama des six mois qui venaient de s'écouler, depuis ce jour où il avait, par une effroyable pluie d'orage, rencontré la jeune fille dans cette mauvaise auberge des environs de Saint-Denis, jusqu'à l'heure où il l'avait vue entrer dans la salle des Métamorphoses avec une branche de myrte enlacée dans les cheveux, et où son regard indiscret ne l'avait point perdue de vue une seconde, jusqu'au moment où, de toute la parure qu'elle avait en entrant dans la salle, elle n'avait gardé que cette branche de myrte.

Et, à mesure que ce panorama se déroulait devant ses yeux, il voyait, si rapidement que ce fût, se répéter, pendant une nuit de Saint-Cloud, cette scène entre la jeune fille et le page ; puis il la retrouvait au bord du grand bassin dans la demi-teinte que projetait sur elle l'ombre tremblante des platanes et des saules ; puis il se regardait lui-même debout et immobile sous les fenêtres, attendant qu'une persienne s'entr'ouvrît et qu'une fleur ou un billet tombât à ses pieds ; enfin il se retrouvait sous ce lit où, pendant une première nuit, il avait attendu vainement, où personne n'était venu, et où, pendant une seconde, il avait vu venir, non-seulement ceux qu'il attendait, mais encore ceux qu'il n'attendait pas : et toutes ces sensations diverses, éblouissement de l'auberge, jalousie du témoin caché, contemplation de la jeune fille se mirant dans le bassin, impatience de l'attente sous les fenêtres, angoisse de l'amant dans la chambre des Métamorphoses, toutes ces sensations montant à son cerveau, faisant battre ses tempes, brisant son cœur, tenaillant ses entrailles, toutes ces sensations s'emparant de lui l'assaillirent à la fois dans l'espace de quelques secondes.

Aussi ce fut en frissonnant, et pâle à la fois de jalousie, de colère, d'amour, de honte et de haine, qu'il se retrouva en face de mademoiselle de Saint-André.

Mademoiselle de Saint-André était seule.

Dès qu'elle aperçut le prince cachant tous les sentiments opposés qui luttaient en lui sous un air passablement impertinent, dès qu'elle eut vu le sourire railleur perché sur ses lèvres comme l'oiseau moqueur d'Amérique sur une branche, la jeune fille fronça le sourcil, mais imperceptiblement : — c'était, sous le rapport de la dissimulation, une âme bien autrement trempée que celle du prince de Condé.

Le prince la salua d'un air dégagé.

Mademoiselle de Saint-André ne se méprit pas à l'expression de ce salut ; elle comprit que c'était un ennemi qui venait à elle.

Mais elle ne fit rien paraître de ces lueurs qui pénétraient en elle et, au salut dégagé, au sourire moqueur du prince, elle répondit par une longue et gracieuse révérence.

Puis, lui souriant de son œil le plus caressant et lui adressant la parole de sa voix la plus douce :

— A quelle sainte, prince, demanda-t-elle, dois-je adresser mes remercîments pour cette visite aussi matinale qu'inattendue ?

— A sainte Aspasie, mademoiselle, répondit le prince en s'inclinant avec un respect affecté.

— Monseigneur, répondit la jeune fille, je doute que je la trouve, si minutieusement que je cherche, sur le calendrier de l'an de grâce 1559.

— Alors, mademoiselle, si vous voulez absolument remercier une sainte pour cette mince faveur — de ma présence — attendez que mademoiselle de Valentinois soit morte et ait été canonisée ; — ce qui ne peut pas manquer de lui arriver, si vous la recommandez au roi.

— Comme je doute que mon crédit aille jusque-là, monseigneur, je me bornerai à vous remercier vous-même, en vous demandant bien humblement ce qui me procure le plaisir de vous voir.

— Comment ! vous ne devinez pas ?

— Non.

— Je viens vous faire mes compliments bien sincères sur la nouvelle faveur dont Sa Majesté vous honore.

La jeune fille devint pourpre; puis, par une réaction subite, ses joues se couvrirent d'une pâleur mortelle.

Et cependant elle était loin encore de soupçonner la réalité ; elle crut seulement que l'aventure de la nuit était déjà ébruitée et que l'écho en avait retenti aux oreilles du prince.

Elle se contenta donc de regarder le prince avec une expression qui tenait le milieu entre l'interrogation et la menace.

Le prince fit semblant de ne rien voir.

— Eh bien, demanda-t-il en souriant, qu'y a-t-il donc, mademoiselle, et en quoi le compliment que j'ai l'honneur de vous adresser a-t-il pu instantanément donner à vos joues la couleur de vos lèvres, — il est vrai qu'elles ne l'ont pas conservée longtemps, — et du mouchoir que vous m'avez fait l'honneur de me donner l'autre nuit ?

Le prince appuya sur ces derniers mots d'une façon si significative, qu'il n'y eut plus à se tromper sur l'expression que prit le visage de mademoiselle de Saint-André.

Il tourna tout entier à la menace.

— Prenez garde, monseigneur ! dit-elle d'une voix d'autant plus terrible, qu'elle affectait un calme parfait. Je crois que vous êtes venu ici avec l'intention de m'insulter.

— Me croyez-vous capable d'une pareille audace, mademoiselle ?

— Ou d'une pareille lâcheté, monseigneur. Lequel des deux mots serait le plus convenable en cette circonstance ?

— C'est ce que je me suis demandé à la porte, mademoiselle. Je me suis répondu : *Audace !...* et je suis entré.

— Alors vous avouez que telle était votre intention ?

— Peut-être. Mais, en y réfléchissant, j'ai préféré me présenter à vous à tout autre titre.

— Et auquel ?

— Comme un ancien adorateur de vos charmes changé en courtisan de votre fortune.

— Et sans doute, en cette qualité, vous venez me demander quelque grâce ?

— Une grâce immense, mademoiselle.

— Laquelle ?

— Celle de vouloir bien me pardonner d'être la cause de la malencontreuse visite de cette nuit.

Mademoiselle de Saint-André regarda le prince d'un œil de doute, car elle ne pouvait croire qu'un homme marchât si imprudemment et si directement au gouffre. De pâle, elle devint livide.

— Prince, dit-elle, vous avez réellement fait ce que vous dites ?

— Je l'ai fait.

— Si cela est vrai, laissez-moi vous dire qu'il fallait tout simplement que vous eussiez perdu l'esprit.

— Je crois tout simplement, au contraire, que je l'avais perdu jusqu'à ce moment-là, et que c'est à ce moment-là seulement que je l'ai retrouvé.

— Mais croyez-vous aussi qu'une pareille insulte restera impunie, monsieur, tout prince que vous êtes, ou espérez-vous que je n'en instruirai pas le roi ?

— Oh ! c'est inutile.

— Comment, c'est inutile ?

— Mon Dieu, oui, attendu que je viens de l'en instruire moi-même.

— Et lui avez-vous dit aussi qu'en sortant de chez lui vous comptiez entrer ici ?

— Non, par ma foi ! car je n'y songeais pas ; l'idée m'est venue en route ; votre porte s'est trouvée sur mon chemin, et vous connaissez le proverbe : « l'occasion fait le larron. » Je me suis dit que ce serait une véritable curiosité, si, par bonheur, j'étais le premier à vous faire mon compliment. Suis-je le premier ?

— Oui, monsieur, et ce compliment, dit fièrement mademoiselle de Saint-André, je le reçois.

— Ah ! puisque vous le recevez si bien, laissez-moi vous en faire un autre.

— Sur quoi ?

— Sur le goût de votre toilette dans une circonstance aussi solennelle.

Mademoiselle de Saint-André se mordit les lèvres. Le prince la conduisait sur un terrain où il était difficile qu'elle se défendît avec avantage.

— Vous êtes homme d'imagination, monseigneur, dit-elle, et vous m'avez bien certainement, grâce à cette imagination, fait les honneurs d'une toilette bien supérieure à celle que j'avais en réalité.

— Non pas, je vous jure, elle était simple, au contraire ; il y avait surtout une branche de myrte enlacée à ces beaux cheveux.

— Une branche de myrte ! s'écria la jeune fille, d'où savez-vous que j'avais une branche de myrte dans les cheveux ?

— Je l'ai vue.

— Vous l'avez vue ?

Mademoiselle de Saint-André commençait à n'y plus rien comprendre et sentait son sang-froid près de lui échapper.

— Voyons, prince, dit-elle, continuez, j'aime les fables.

— Alors vous devez vous rappeler celle de Narcisse... Narcisse amoureux de lui-même, se regardant dans un ruisseau.

— Après ?

— Eh bien, avant-hier, j'ai vu quelque chose de pareil, ou plutôt de bien autrement merveilleux : c'est une jeune fille amoureuse d'elle et se regardant dans un miroir avec non moins de volupté que Narcisse se regardant dans son ruisseau.

Mademoiselle de Saint-André jeta un cri. Il était impossible que le prince eût inventé cela, ou qu'on le lui eût raconté. Elle était seule, ou plutôt elle se croyait seule dans la chambre des Métamorphoses, quand avait eu lieu cette scène à laquelle le prince faisait allusion. La rougeur prit le dessus, elle redevint pourpre.

— Vous mentez ! dit-elle.

Mademoiselle de Saint-André rugissait entre ses dents ; seulement, elle essaya de dissimuler ce rugissement dans un éclat de rire.

— Oh ! reprit-elle, le beau conte que vous nous faites là !

— Oui, vous avez raison, le conte est beau ; mais qu'est-il en comparaison de la réalité ?

Malheureusement, la réalité fut passagère comme un rêve. La belle nymphe attendait un dieu, et voilà que ce dieu ne put pas venir, la déesse, sa femme, étant tombée de cheval comme une simple mortelle et s'étant blessée.

— Avez-vous encore beaucoup de choses dans le genre de celles-là à me dire, monsieur? grinça mademoiselle de Saint-André toute prête, malgré sa force, à se laisser emporter à la colère.

— Non, je n'ai plus qu'un mot : le rendez-vous fut remis au lendemain. Voilà ce que j'étais venu vous dire; et, sur ce, — dans l'espoir de l'avenir, permettez-moi de terminer comme si j'étais déjà roi, — la présente visite n'étant à autre fin, sur ce, je prie Dieu qu'il vous ait en sa sainte et digne garde.

Et, sur ce, en effet, le prince de Condé sortit avec cette impertinence qui, deux siècles plus tard, fit la réputation des Lauzun et des Richelieu.

Arrivé sur le palier de l'escalier, il s'arrêta et, jetant un regard en arrière :

— Bon ! dit-il, me voilà brouillé avec la reine mère, me voilà brouillé avec le roi, me voilà brouillé avec mademoiselle de Saint-André, et tout cela d'un seul coup. Belle matinée, ma foi ! pour un cadet de Navarre... Bah ! ajouta-t-il philosophiquement, il est vrai que les cadets passent par où les aînés ne passeraient pas.

Et il descendit lestement l'escalier, traversa cavalièrement la cour et salua la sentinelle, qui lui présentait les armes.

IV

— Le fils du condamné. —

Nous avons dit que le prince avait donné rendez-vous à Robert Stuart, de sept à huit heures du soir, sur la place et devant l'église Saint-Germain l'Auxerrois.

Pour se rendre à ce rendez-vous, il pouvait parfaitement prendre le pont Notre-Dame et le pont aux Moulins; mais un aimant l'attirait vers le Louvre : il traversa la rivière avec le passeur et aborda devant la tour de Bois.

Son chemin était d'appuyer à droite, il appuya à gauche.

Il allait au danger comme la phalène imprudente va à la lumière.

Il connaissait bien ce chemin : pendant quatre ou cinq mois, tous les soirs, il l'avait fait en espérant.

Maintenant qu'il n'espérait plus, pourquoi le faisait-il encore?...

Il repassa donc par la même voie ; puis, arrivé sous les fenêtres de mademoiselle de Saint-André, il s'arrêta comme il avait l'habitude de s'arrêter.

Il les connaissait bien, ces fenêtres !

Les trois premières étaient celles de la chambre à coucher et du boudoir de Charlotte ; les quatre autres étaient celles du maréchal.

Puis, après les quatre fenêtres du maréchal, venait une autre fenêtre encore, à laquelle il n'avait jamais fait attention.

Cette fenêtre restait toujours sombre, soit que la chambre sur laquelle elle s'ouvrait ne fût jamais éclairée, soit que d'épais rideaux tirés avec soin empêchassent la lumière de filtrer au dehors.

Cette fois, pas plus que les autres, il n'eût fait attention à cette fenêtre, s'il n'eût cru l'entendre grincer sur ses gonds. Puis il lui sembla voir passer une main par l'entre-bâillement des deux volets, et de cette main s'envoler, pareil à un papillon de nuit, un petit papier qui, porté par le vent du soir, semblait faire tous ses efforts pour arriver à son adresse.

La main disparut, la fenêtre se referma, que le papier n'avait pas encore touché la terre.

Le prince l'attrapa au vol, sans bien se rendre compte de ce qu'il était et sans savoir si c'était à lui qu'il était destiné.

Puis, comme la demie après sept heures sonnait à l'église Saint-Germain l'Auxerrois, il se rappela son rendez-vous et sembla se diriger vers l'endroit où le frémissement du bronze semblait l'appeler.

En attendant, il tournait et retournait le billet entre ses doigts; mais l'obscurité de la nuit l'empêchait de savoir à quoi s'en tenir sur sa frêle conquête.

Au coin de la rue Chilpéric, se trouvait une petite auberge, dans la muraille de laquelle on avait pratiqué une niche; dans la niche était une petite Madone de bois doré, et devant la Madone brûlait une chandelle de résine, espèce de torche qui indiquait aux zélés catholiques une auberge chrétienne et un dévot aubergiste, mais qui, pour les voyageurs attardés, prononçait hautement ces paroles : « Ici on loge à la nuit. »

Le prince de Condé s'approcha de la maison, monta sur le banc de pierre placé près de la porte et, se plaçant sous les rayons vacillants du fanal, il lut les lignes suivantes qui le remplirent d'étonnement.

« Le roi est momentanément réconcilié avec la reine mère ; ce soir, ils assistent à l'exécution du conseiller Anne Dubourg ; je n'ose vous dire : Fuyez ! mais je vous dis : Sous quelque prétexte que ce soit, ne rentrez pas au Louvre ; il y va de votre tête. »

L'étonnement qu'avaient causé au prince les premières lignes était devenu de la stupéfaction à la dernière phrase. D'où lui venait cet avis ? D'un ami certainement. Mais de quel sexe était cet ami ? était-ce un ami ou une amie ? Non, c'était une amie ; ce n'était point ainsi qu'aurait écrit un homme.

Puis, dans ce palais du Louvre, il n'y avait pas d'homme, il n'y avait que des courtisans, et un courtisan y eût regardé à deux fois avant d'encourir la disgrâce que sa charité méritait.

Ce n'était donc pas un homme.

Mais si c'était une femme, quelle était cette femme ?

Quelle femme pouvait s'intéresser assez vivement à lui, Condé, pour se brouiller d'un seul coup — en supposant que l'avis charitable qu'elle venait de donner au prince fût connu — pour se brouiller d'un seul coup, disons-nous, avec le roi, avec la reine mère, avec mademoiselle de Saint-André?

Mais peut-être était-ce mademoiselle de Saint-André elle-même!...

Oh! quant à cela, avec un moment de réflexion, le prince comprenait bien que c'était impossible : il avait trop cruellement blessé la lionne, et la lionne devait être encore occupée de la blessure qu'il lui avait faite.

Il avait bien au Louvre deux ou trois anciennes maitresses, mais avec celles-là il était brouillé, et, quand les femmes n'aiment plus, elles haïssent.

Une seule avait peut-être encore quelque reste de tendresse pour lui : la jolie mademoiselle de Limeuil; mais il connaissait depuis vieux temps les pattes de mouche de la charmante enfant; ce n'était pas de son écriture, et l'on ne se hasarde pas à prendre un secrétaire pour écrire un pareil billet.

Était-ce, d'ailleurs, une écriture de femme?

Le prince se haussa sur la pointe des pieds

pour se rapprocher autant que possible de la lumière.

Oui, c'était une écriture de femme bien certainement, et, malgré l'allure magistrale de ces caractères que nous ne saurions comparer qu'à une belle écriture anglaise de nos jours, un expert ne se fût pas trompé, et, en écriture de femme, le prince, à force de recevoir des lettres, était devenu expert. Si les pleins des caractères étaient fermes, les déliés avaient quelque chose de fin, de gracieux et d'efféminé.

Puis le petit billet, dans son ensemble, était si net, le papier en était si fin, si velouté, si soyeux, et révélait un si doux parfum de chambre à coucher ou de boudoir féminin, que, bien décidément, c'était d'une femme.

Alors revenait cette question qui, elle, ne recevait point de réponse : Quelle est donc cette femme ?

Le prince de Condé, qui avait parfaitement oublié son rendez-vous pour ne s'occuper que de sa lettre, eût passé la nuit à chercher le nom de cette femme, et, selon tout probabilité, à le chercher inutilement, si, heureusement pour lui, Robert Stuart, qui le voyait de loin perché sur son banc, et dont le cœur était agité d'une préoccupation bien autrement grave, ne fût apparu tout à coup, comme s'il sortait de terre, dans le cercle de lumière que projetait la torche.

Il salua le prince profondément.

Le prince rougit d'être surpris lisant ce billet, et la façon dont il rougissait le confirma dans cette certitude que le billet venait d'une femme.

— C'est moi, prince, dit le jeune homme.

— Vous voyez, monsieur, que je tiens ma parole, dit le prince sautant à bas de son banc de pierre.

— Et moi, dit Robert Stuart, j'attends l'occasion de vous prouver que je tiendrai la mienne.

— J'ai une triste nouvelle à vous annoncer, monsieur ! dit le prince d'une voix émue.

Le jeune homme sourit avec amertume.

— Parlez, prince, dit-il, je suis préparé à tout.

— Monsieur, dit le prince avec une gravité qu'on eût été étonné de trouver dans un homme que l'on tenait, en général, pour un des plus frivoles de son temps, nous vivons à une époque où les notions du bien et du mal sont confuses, vacillantes, indécises ; le monde, depuis quelques années, semble dans une sorte d'enfantement, et les douleurs qu'occasionne ce travail jettent dans l'âme de quelques-uns de sinistres clartés, tandis qu'elles plongent celles des autres dans de profondes ténèbres. Que résultera-t-il du choc des passions qui se heurtent en ce moment? Je l'ignore...

— Pourquoi ne pas dire tout de suite, prince... « Jeune homme, ton père est condamné; je t'avais promis la grâce de ton père, et la grâce m'a été refusée; je t'avais dit que ton père ne mourrait pas, et ton père va mourir ce soir. »

— Monsieur, dit le prince, presque honteux du mensonge à l'aide duquel il tentait de tromper le jeune homme, monsieur, tout n'est peut-être pas aussi bas que vous le dites.

— Me dites-vous d'espérer, prince? demanda Robert Stuart.

Condé n'osa répondre; il y avait dans le regard du jeune homme une expression qui arrêtait la parole sur ses lèvres.

— Hier, l'arrêt de mort n'était pas encore approuvé, pas encore signé par le roi ; aujourd'hui, malgré mes efforts, il est signé, il a été signifié; dans une heure peut-être il sera exécuté...

— Une heure! gronda sourdement le jeune homme entre ses dents. On fait bien des choses en une heure!

Il s'élança et fit vingt pas à peu près ; puis, revenant vers le prince et saisissant sa main, qu'il couvrit de baisers et baigna de pleurs :

— A partir d'aujourd'hui, à partir de cette minute, prince, dit-il, vous n'avez pas de serviteur plus fidèle ni plus dévoué que moi. Mon corps, mon âme, ma tête, mon bras, mon cœur, sont à vous, et je vous donne ma vie jusqu'à la dernière goutte de mon sang !

Puis, cette fois, il s'éloigna à pas lents et disparut à l'angle du quai, après avoir fait au prince un dernier signe de tête.

V

— Hors de page. —

Le jeune homme était déjà à la hauteur de la pointe de la Cité, que le prince n'était pas encore sorti de sa préoccupation.

Il est vrai que cette préoccupation avait peut-être, par un de ces fréquents caprices de la mémoire, fait retour de Robert Stuart à ce billet tombé d'une fenêtre du Louvre et que le prince venait de lire, une demi-heure auparavant, à la lueur de la lampe de la madone.

Quel que fût l'objet de sa préoccupation, il en fut tiré par un incident nouveau et inattendu.

Un jeune homme, tête nue et sans pourpoint, la respiration râlante, sortait du Louvre et traversait la place en courant, comme s'il eût été poursuivi par quelque chien enragé.

Le prince crut le reconnaître pour le page du maréchal de Saint-André qu'il avait vu une première fois dans l'auberge près de Saint-Denis, une seconde fois dans les jardins de Saint-Cloud.

— Hé ! cria le prince quand il le vit à dix pas de lui, où courez-vous ainsi, mon jeune maître?

Le jeune homme s'arrêta aussi subitement que s'il se fût présenté sur ses pas un infranchissable obstacle.

— C'est vous, monseigneur, s'écria-t-il, reconnaissant à son tour le prince malgré le manteau sombre qui l'enveloppait et le chapeau à larges bords qui lui couvrait les yeux.

— Parbleu ! oui, c'est moi ! et c'est vous aussi, si je ne m'abuse. Vous êtes Mézières, le jeune page de M. de Saint-André.

— Oui, monseigneur.

— Et de plus, si j'en crois les apparences, l'amoureux de mademoiselle Charlotte, ajouta le prince.

— Oh ! je l'étais, oui, monseigneur, mais je ne le suis plus.

— Bon !

— Pour cela, je vous le jure !

— Vous êtes bien heureux, jeune homme, dit moitié gaiement, moitié tristement, le prince, de pouvoir donner ainsi congé à vos amours; mais je n'en crois rien.

— Comment ! monseigneur ?

— Si vous n'étiez pas amoureux comme un fou, ou fou comme un amoureux, rien ne m'expliquerait cette course échevelée au milieu de la nuit et à cette heure de la nuit.

— Monseigneur, dit le page, je viens de recevoir le plus mortel outrage qu'un homme ait jamais reçu.

— Un homme ! dit le prince souriant : de qui est-il question ? Ce n'est pas de vous ?

— Pourquoi ne serait-ce pas de moi ?

— Mais parce que vous n'êtes qu'un enfant.

— Je vous dis, monseigneur, continua le jeune homme, je vous dis que j'ai été traité de la plus épouvantable façon; homme ou enfant, comme j'ai le droit de porter une épée au côté, je m'en vengerai.

— Si vous avez le droit de porter une épée au côté, il fallait vous en servir.

— J'ai été pris par des valets, saisi, garrotté et...

Le jeune homme s'arrêta avec un geste de suprême colère, et ses yeux bleus, comme ceux des animaux de nuit, lancèrent un double éclair dans l'obscurité.

A ce signe, le prince reconnut l'homme de haine et de sang.

— Et?... répéta le prince.

— Et fouetté, monseigneur! dit le jeune homme avec un cri de rage.

— Alors, dit le prince en raillant, vous voyez bien que ce n'est pas comme un homme qu'on vous a traité, mais comme un enfant.

— Monseigneur, monseigneur, s'écria Mézières, les enfants deviennent vite des hommes, quand ils ont dix-sept ans et une pareille injure à venger!

— A la bonne heure! dit le prince reprenant son sérieux, j'aime que l'on parle ainsi, jeune homme. Et comment avez-vous pu encourir un pareil affront?

— J'étais, comme vous venez de le dire, monseigneur, amoureux fou de mademoiselle de Saint-André. Pardonnez-moi cet aveu fait à vous, monseigneur...

— Et pourquoi aurais-je quelque chose à vous pardonner?

— A vous qui l'aimiez presque autant que moi.

— Ah! ah! dit le prince, vous vous étiez aperçu de cela, jeune homme?

— Prince, vous ne me rendrez jamais en bien la centième partie du mal que vous m'avez fait souffrir.

— Qui sait? Continuez.

— J'aurais donné ma vie pour elle, continua en effet le page, et, quelle que fût la barrière que la naissance avait mise entre elle et moi, je me sentais destiné, sinon à vivre, du moins à mourir pour elle.

— Je connais cela, dit le prince en souriant et en faisant un signe de la main, comme s'il voulait écarter de lui un objet désagréable. — Continuez.

— Je l'aimais tant, monseigneur, que j'eusse consenti à la voir la femme d'un autre, à la condition que cet autre l'eût aimée et respectée comme je l'eusse aimée et respectée moi-même. Oui, la savoir aimée, heureuse et honorée, m'eût suffi. C'est vous dire, monseigneur, où s'arrêtaient mes vues ambitieuses et mes désirs amoureux.

— Eh bien, dit le prince, qu'est-il arrivé?

— Eh bien, monseigneur, quand j'ai appris qu'elle était la maîtresse du roi, quand j'ai appris qu'elle trompait non-seulement moi, — qui étais plus que son amant : son esclave ! — non-seulement moi, dis-je, mais vous qui l'adoriez, mais M. de Joinville qui allait l'épouser, mais toute la cour qui, au milieu de cette escouade de filles éhontées et perdues, la croyait une enfant chaste, pure, candide, quand j'ai eu cette révélation, monseigneur, quand j'ai su qu'elle était la maîtresse d'un autre homme...

— Pas d'un autre homme, monsieur, — dit Condé avec un accent intraduisible, — d'un roi.

— Soit ! d'un roi ; mais il n'en est pas moins vrai qu'il m'est venu à l'idée de tuer cet homme, tout roi qu'il était.

— Diable ! mon beau page, dit-il, vous n'y allez pas de main morte ! Tuer le roi pour une aventure amoureuse ! Si l'on ne vous a que fouetté pour cette idée, il me semble que vous avez tort de vous plaindre.

— Oh ! ce n'est point pour cette idée que l'on m'a fouetté, dit Mézières.

— Pourquoi donc ? Savez-vous que votre histoire commence à m'intéresser ? Seulement, vous est-il égal de me la raconter en marchant ? D'abord parce que j'ai les pieds littéralement gelés, et ensuite parce que j'ai affaire du côté de la Grève.

— Peu m'importe où je vais, monseigneur, dit le jeune homme, pourvu que je m'éloigne du Louvre.

— Eh bien, cela tombe à merveille, dit le prince en faisant résonner ses bottes sur le pavé. Venez avec moi, je vous écoute.

Puis, le regardant avec un sourire :

— Voyez cependant ce que c'est qu'un malheur commun, dit-il. Hier, c'était moi que vous croyiez aimé, et c'était moi que vous aviez envie de tuer. Aujourd'hui que c'est le roi qu'on aime, l'infortune nous rapproche et me voilà votre confident, et confident en la loyauté duquel vous avez si grande confiance, que vous venez lui avouer la bonne envie que vous avez de tuer le roi. Enfin, vous ne l'avez pas tué, n'est-ce pas?

— Non ; seulement, j'ai passé une heure dans ma chambre, en proie à une fièvre ardente.

— Bon ! murmura le prince, c'est comme moi.

— Au bout de deux heures, n'ayant pris aucune résolution, j'ai été frapper à la porte de mademoiselle de Saint-André pour lui reprocher son infâme conduite.

— Toujours comme moi, murmura le prince.

— Mademoiselle de Saint-André n'était pas chez elle.

— Ah ! dit le prince, ici la similitude disparaît. J'ai été plus heureux que vous, moi !

— Ce fut le maréchal qui me reçut. Le maréchal m'aimait beaucoup, il le disait, du moins. En me voyant si pâle, il fut effrayé.

» — Qu'avez-vous, Mézières ? me demanda-t-il. Êtes-vous donc malade ?

» — Non, monseigneur, lui répondis-je.

» — Qu'avez-vous alors qui vous trouble à ce point ?

» — Oh ! monseigneur ! j'ai le cœur gonflé d'amertume et de haine.

» — De haine, Mézières ! à votre âge ! La haine sied mal à l'âge de l'amour.

» — Monseigneur, je hais, je veux me venger. Je venais demander conseil à mademoiselle de Saint-André.

» — A ma fille ?

» — Oui ; et, puisqu'elle n'y est pas...

» — Vous voyez.

» — Ce conseil, c'est à vous que je le demanderai.

» — Parlez, mon enfant.

» — Monseigneur, continuai-je, j'aimais ardemment une jeune...

» — A la bonne heure, Mézières ! me dit en riant le maréchal, parlez-moi de vos amours ;

les mots d'amour viennent naturellement sur les lèvres de votre âge, comme au printemps viennent les fleurs dans les jardins; et êtes-vous payé de retour par celle que vous aimez si ardemment?

» — Monseigneur, je n'y prétendais même pas. Elle était tellement au-dessus de moi par sa naissance et par sa fortune, que je l'adorais au fond de mon cœur comme une divinité dont j'osais à peine baiser le bas de la robe.

» — C'est une dame de la cour, alors?

» — Oui, monseigneur, répondis-je en balbutiant.

» — Je la connais, alors?

» — Oh! oui.

» — Eh bien, que vous est-il arrivé, Mézières? Votre divinité va se marier, devenir la femme d'un autre, et c'est ce qui vous trouble?

» — Non, monseigneur, répondis-je enhardi par la colère que ces mots réveillaient en moi, non, la femme que j'aime ne va pas se marier, non, la femme que j'aime ne peut plus se marier.

» — Et pourquoi cela? demanda le maréchal en me regardant d'un air inquiet.

» — Parce que la femme que j'aime est publiquement la maîtresse d'un autre.

» A ces mots ce fut au maréchal de se troubler à son tour. Il devint pâle comme un mort, et, faisant un pas en avant en me regardant fixement et durement :

» — De qui voulez-vous parler ? demanda-t-il d'une voix brisée.

» — Ah ! vous le savez bien, monseigneur ! répondis-je, et quand je viens vous parler de ma vengeance, c'est parce que je présume qu'à cette heure vous cherchez quelqu'un pour la vôtre.

» En ce moment, le capitaine des gardes entra.

» — Silence ! me dit le maréchal. Sur votre tête, silence !

» Puis, comme s'il eût jugé qu'il était plus prudent encore de m'éloigner tout à fait :

» — Sortez ! dit-il.

» Je compris, ou plutôt je crus comprendre. S'il arrivait malheur au roi, et que le malheur vînt de ma part, le maréchal, vu causant avec moi par le capitaine des gardes, était compromis.

» — Oui, monseigneur, répondis-je, oui, je sors.

» Et je m'élançai par une des portes de dégagement de l'intérieur pour ne point rencontrer le capitaine des gardes soit dans le corridor, soit dans l'antichambre.

» Seulement, une fois hors de la salle, une fois hors de vue, je m'arrêtai ; puis je revins sur la pointe du pied, puis j'appliquai mon oreille à la tapisserie, seul obstacle qui m'empêchait de voir ce qui allait se passer, mais sans m'empêcher d'entendre.

» Jugez de mon étonnement, de mon indignation, monseigneur !

» C'étaient les lettres patentes de gouverneur de Lyon que l'on apportait à M. de Saint-André !

» Le maréchal reçut titre et faveurs avec l'humilité d'un sujet reconnaissant, et l'officier fut chargé de reporter les actions de grâces du père à l'amant de la fille !

» A peine fut-il sorti, que je ne fis qu'un bond de l'endroit où j'étais caché jusqu'en face du maréchal.

» Je ne sais ce que je lui dis, je ne sais de quelle injure je flétris ce père qui vendait sa fille ; mais ce que je sais, c'est qu'après une lutte désespérée où je cherchais, où je demandais la mort, je me trouvai lié, garrotté, aux mains des laquais, livré au fouet, aux verges, à l'infamie !

» Au milieu des larmes, ou plutôt à travers du sang qui coulait de mes yeux, je vis le maréchal qui me regardait d'une fenêtre de son appartement : alors, je fis un serment terrible : c'est que cet homme, qui faisait frapper de verges celui qui lui venait offrir de le venger, c'est que cet homme ne mourrait que de ma main.

» Je ne sais si ce fut la douleur où la colère, mais je m'évanouis.

» En revenant à moi, je me retrouvai libre et je m'élançai hors du Louvre, renouvelant le serment terrible que j'avais fait. Monseigneur! monseigneur! continua le page avec une exaltation croissante, je ne sais s'il est vrai que je ne suis qu'un enfant; à mon amour, à ma haine, je me croyais autre chose! Mais vous êtes un homme, vous! mais vous êtes un prince! eh bien, je vous le dis comme je l'ai dit alors : le maréchal ne mourra que de ma main!

— Jeune homme!

— Et moins encore pour l'injure qu'il m'a faite que pour celle qu'il a reçue.

— Jeune homme, dit le prince, savez-vous qu'un pareil serment est un blasphème?

— Monseigneur, dit le page, tout entier à la pensée qui le maîtrisait, et comme s'il n'eût pas entendu les paroles du prince, monseigneur, c'est un miracle de la Providence qui a permis qu'en sortant du Louvre vous fussiez la première personne que je rencontrasse ; monseigneur, je vous offre mes services ; notre amour était semblable, si notre haine n'est pas la même, monseigneur, au nom de cet amour commun, je vous prie de me recevoir parmi vos serviteurs ; ma tête, mon cœur, mon bras, seront à vous, et à la première occasion je vous prouverai qu'on ne peut pas m'accuser d'ingratitude. Acceptez-vous, monseigneur ?

Le prince demeura un instant pensif.

— Eh bien, monseigneur, répéta le jeune homme impatient, acceptez-vous l'offre de ma vie?

— Oui, dit le prince en prenant les deux mains du jeune homme dans les siennes, mais à une condition.

— Laquelle, monseigneur ?

— C'est que vous renoncerez à votre projet d'assassiner le maréchal.

— Oh ! tout ce que vous voudrez, monseigneur, s'écria le jeune homme au comble de l'exaltation, mais pas cela !

— Tant pis, alors ! car c'est la première condition que je vous impose pour entrer à mon service.

— Oh ! monseigneur, je vous en prie à genoux, n'exigez pas de moi une parcille chose !

— Si vous ne me faites pas le serment que je

vous demande, quittez-moi à l'instant même, monsieur ; je ne vous connais pas, je ne veux pas vous connaître.

— Monseigneur ! monseigneur !

— Je commande à des soldats et non à des bravi.

— Oh ! monseigneur, est-il possible qu'un homme refuse à un autre homme la permission de venger une injure mortelle ?

— De la façon que vous dites, oui.

— Mais est-il quelque autre moyen au monde ?

— Peut-être.

— Oh ! dit le jeune homme en secouant la tête, jamais le maréchal ne consentira à croiser l'épée avec un de ses anciens domestiques.

— Naturellement, répondit le prince, dans un duel régulier, non ; mais il peut se rencontrer telle occasion où le maréchal ne puisse vous refuser cet honneur.

— Laquelle ?

— Supposez le cas où vous le rencontriez sur un champ de bataille.

— Un champ de bataille !

— Eh bien, ce jour-là, Mezières, je m'engage à vous céder ma place, quand même ce serait moi, et non pas vous, qui me trouverais en face de lui.

— Mais, ce jour-là, monseigneur, se présentera-t-il jamais ? demanda fiévreusement le jeune homme; est-il possible qu'il se présente ?

— Peut-être plus tôt que vous ne pensez, répondit le prince.

— Oh ! si j'étais sûr de cela ! s'écria le jeune homme.

— Qui diable est sûr de quelque chose en ce monde? dit le prince; il y a des probabilités, voilà tout.

Le jeune homme, à son tour, resta un instant pensif.

— Tenez, monseigneur, dit-il, je ne sais d'où me vient le pressentiment qu'il y a en effet quelque chose d'étrange et de menaçant dans l'air; d'ailleurs, on m'a fait une prédiction... J'accepte, monseigneur.

— Et vous faites serment...?

— De ne point assassiner traîtreusement le maréchal, oui, monseigneur; mais si je le rencontre sur un champ de bataille...

— Oh ! là, je vous le cède, je vous le donne, il est à vous; seulement, prenez garde !

— A quoi ?

— Le maréchal est un rude soldat.

— Oh ! ceci, monseigneur, c'est mon affaire;

que mon bon ou mon mauvais ange me conduise devant lui, c'est tout ce que je demande.

— Alors, c'est dit, et à cette condition vous êtes des miens.

— Oh ! monseigneur !

Le jeune homme se jeta sur la main du prince et la baisa.

Ils étaient arrivés à la hauteur du pont aux Moulins ; le quai commençait à s'encombrer de monde qui se pressait vers la place de Grève. Le prince jugea qu'il était prudent de se débarrasser de Mézières comme il s'était débarrassé de Robert Stuart.

— Vous connaissez l'hôtel de Condé? dit le prince au jeune homme.

— Oui, monseigneur, répondit celui-ci.

— Eh bien, rendez-vous-y, dites que vous faites, à compter de cette heure, partie de ma maison, et demandez une chambre dans le corps de logis destiné à mes écuyers.

Puis le prince ajouta, avec ce sourire charmant qui, lorsqu'il le voulait, lui faisait des amis de ses ennemis et de ses fanatiques de ses amis :

— Vous voyez que je vous traite comme un homme, puisque je vous mets hors de page.

— Merci, monseigneur! répondit respectueusement Mézières : à partir de ce moment, disposez de moi comme d'une chose qui vous appartient tout entière.

VI

— Ce que pesait la tête du prince de Condé. —

Pendant que s'accomplissaient les événements que nous avons racontés dans les précédents chapitres, c'est-à-dire pendant la double conversation du prince de Condé avec Robert Stuart et Mézières, disons un peu ce qui se passait au Louvre.

Nous avons vu comment M. de Condé avait pris congé du roi, et comment mademoiselle de Saint-André avait pris congé de M. de Condé.

M. de Condé sorti, la jeune fille était restée anéantie par la douleur; mais bientôt, comme une lionne blessée qui, d'abord tombée sous le coup, revient peu à peu à elle, secoue et relève la tête, allonge et regarde ses griffes, et gagne le prochain ruisseau pour s'y regarder à loisir et voir si elle est toujours bien elle-même, mademoiselle de Saint-André était allée à son miroir pour voir si, dans la lutte terrible, elle n'avait rien perdu de sa merveilleuse beauté, et, se voyant toujours aussi séduisante sous le sourire redoutable dont elle recouvrait sa haine, elle ne douta plus de la puissance de ses charmes et prit le chemin des appartements du roi.

Chacun savait déjà l'événement de la veille, de sorte que toutes les portes s'ouvrirent devant mademoiselle de Saint-André, et, que lorsqu'elle fit signe qu'elle désirait ne pas être annoncée, officiers et huissiers se rangèrent contre la muraille et se contentèrent d'indiquer du doigt la chambre à coucher.

Le roi était pensif et méditant dans son fauteuil.

A peine venait-il de se décider à être roi, que déjà le fardeau de la royauté retombait sur ses épaules et l'écrasait.

Aussi, à la suite de sa discussion avec le prince de Condé, avait-il fait dire à sa mère qu'elle lui donnât ses ordres pour qu'il passât chez elle ou qu'elle lui fît la grâce de venir chez lui.

Il attendait donc, n'osant regarder la porte, de peur de voir apparaître le visage sévère de la reine mère.

Au lieu de ce visage sévère, ce fut la gracieuse figure de la jeune fille qui se dessina sous la tapisserie soulevée.

Mais François II ne la vit pas : il avait la tête tournée du côté opposé à la porte, pensant qu'il serait toujours temps de se retourner quand il entendrait le pas grave et un peu pesant de sa mère faire crier les parquets sous le tapis.

Le pas de mademoiselle de Saint-André n'était point de ceux qui font crier les parquets. Comme les ondines, la belle jeune fille eût, sans les courber, couru sur la tête des joncs ; comme les salamandres, elle se fût élevée au ciel sur le chapiteau d'une colonne de fumée.

Elle entra donc dans la chambre sans être entendue ; sans être entendue, elle s'approcha du jeune roi, et, quand elle fut près de lui, lui jeta amoureusement les bras autour du cou, et, au moment où il relevait la tête, lui appuya ses lèvres brûlantes sur le front.

Ce n'était point Catherine de Médicis ; la

reine mère n'avait point pour ses enfants de si ardentes caresses, ou, si elle en avait, elle les gardait pour le favori de ses amours maternelles, pour Henri III. Mais, pour François II, cet enfant conçu par ordonnance du médecin, dans un moment de malaise et de maladie, venu au monde chétif et malsain, à peine avait-elle pour lui l'affection qu'une mercenaire a parfois pour son nourrisson.

Ce n'était donc pas la reine mère.

Ce n'était pas non plus la petite reine Marie.

La petite reine Marie, un peu négligée par son époux, blessée, deux jours auparavant, d'une chute de cheval, couchée sur une chaise longue par ordre des docteurs, qui craignaient une fausse couche à la suite de cette chute, la petite reine, comme on l'appelait, n'était pas en état de venir chez son mari et n'avait aucune raison de lui prodiguer ses caresses, qui furent, du reste, si mortelles à tous ceux qui les reçurent.

C'était donc mademoiselle de Saint-André.

Aussi le roi n'eut-il pas besoin de voir le visage qui souriait au-dessus du sien pour s'écrier :

— Charlotte !

— Oui, mon bien-aimé roi ! dit la jeune fille,

Charlotte, — vous pouvez même dire *ma* Charlotte, — à moins que vous ne me permettiez plus de dire *mon* François.

—Oh! toujours, toujours! dit le jeune prince, qui se rappelait à quel prix il venait d'acheter ce droit dans la discussion terrible qu'il avait eue avec sa mère.

— Eh bien, votre Charlotte vient vous demander une chose.

— Laquelle?

— Ce que pèse, ajouta la jeune fille avec un charmant sourire, ce que pèse la tête d'un homme qui l'a mortellement insultée.

Une vive rougeur passa sur le front blafard de François II, qui sembla vivre un instant.

— Un homme vous a mortellement insultée, ma mie? demanda-t-il.

— Mortellement.

— Ah! ah! c'est le jour des insultes, dit le roi : car un homme aussi m'a mortellement insulté; malheureusement, je ne puis pas me venger. Tant pis alors pour le vôtre, ma belle amie! dit François II avec le sourire d'un enfant qui étouffe un oiseau, le vôtre payera pour les deux.

— Merci, mon roi! Je ne doutais pas que plus la jeune fille qui vous a tout sacrifié était déshonorée, plus vous ne fussiez disposé à prendre le parti de son honneur.

— Quelle peine demandez-vous pour le coupable ?

— Ne vous ai-je pas dit que l'injure était mortelle ?

— Eh bien ?

— Eh bien, à l'injure mortelle, peine de mort !

— Oh ! oh ! dit le prince, la journée n'est pas à la clémence, et tout le monde veut la mort de quelqu'un, aujourd'hui. Et quelle est la tête que vous me demandez, voyons, ma belle cruelle ?

— Je vous l'ai dit, sire, la tête de l'homme qui m'a insultée.

— Encore, pour vous donner la tête de cet homme, dit François II en riant, faut-il que je sache son nom.

— Je croyais que la balance du roi n'avait que deux plateaux : celui de la vie et celui de la mort ; celui de l'innocent et celui du coupable.

— Mais encore le coupable est-il plus ou moins lourd, l'innocent plus ou moins léger. Eh bien, voyons, qu'est-ce que le coupable ? Est-ce encore un conseiller du parlement comme ce malheureux Dubourg, que l'on brûle demain ? En ce cas, cela irait tout seul, — ma mère est en haine dans ce moment-ci, — on en brûlerait deux au lieu d'un, et personne ne s'en apercevrait que le second brûlé.

— Non, ce n'est point un homme de robe, sire, c'est un homme d'épée.

— Pourvu qu'il ne tienne ni à MM. de Guise, ni à M. de Montmorency, ni à votre père, nous en viendrons encore à bout.

— Non-seulement il ne tient à aucun des trois, mais encore il est leur ennemi mortel.

— Bon ! dit le roi ; — maintenant tout va dépendre de son rang.

— Son rang ?

— Oui.

— Je croyais qu'il n'y avait pas de rangs pour un roi, et que tout ce qui était au-dessous de lui était à lui.

— Oh ! ma belle Némésis, comme vous y allez ! Croyez-vous, par exemple, que ma mère soit au-dessous de moi ?

— Je ne vous parle pas de votre mère.

— Que MM. de Guise soient au-dessous de moi ?

— Je ne vous parle pas de MM. de Guise.

— Que M. de Montmorency soit au-dessous de moi ?

— Il n'est pas question du connétable.

Une idée traversa comme un éclair l'esprit du roi.

— Ah ! dit-il, et un homme, prétendez-vous, vient de vous insulter ?

— Je ne prétends pas, je l'affirme.

— Quand cela ?

— Tout à l'heure.

— Où cela ?

— Chez moi, où il est entré en sortant de chez vous.

— Bon ! dit le roi, je comprends. Il est question de mon cousin, M. de Condé.

— Justement, sire.

— Et vous venez me demander la tête de M. de Condé !

— Pourquoi pas ?

— Peste ! comme vous y allez, ma mie ! un prince royal !

— Beau prince !

— Un frère de roi !

— Beau roi !

— Mon cousin !

— Il n'en est que plus coupable ; car, étant des vôtres, sire, il vous devait un plus grand respect.

— Ma mie, ma mie, vous demandez beaucoup, dit le roi.

— Oh ! parce que vous ne savez pas ce qu'il a fait.

— Si, je le sais.

— Vous le savez ?

— Oui.

— Dites alors.

— Eh bien, il a trouvé par les degrés du Louvre le mouchoir que vous y aviez perdu.

— Après ?

— Dans ce mouchoir était le billet que Lanoue vous avait écrit.

— Après ?

— Ce billet, il l'a remis à madame l'amirale.

— Après ?

— Méchamment ou par mégarde, madame l'amirale l'a laissé tomber au cercle de la reine.

— Après ?

— M. de Joinville l'a trouvé, et, croyant qu'il était question de toute autre que vous, l'a montré à la reine mère.

— Après ?

— De là cette méchante plaisanterie qui a fait que, sous les yeux de votre père et de votre fiancé...

— Après ?

— Comment ! après ?

— Oui.

— N'est-ce pas tout ?

— Où était M. de Condé pendant ce temps ?

— Je ne sais, à son hôtel, ou courant les bonnes fortunes.

— Il n'était pas à son hôtel, il ne courait pas les bonnes fortunes.

— En tout cas, il n'était point parmi ceux qui nous entouraient.

— Non ; mais il était dans la chambre.

— Dans notre chambre ?

— Dans notre chambre.

— Où cela ? Je ne l'ai pas vu.

— Mais il nous a vus, lui ! mais il m'a vue, moi !

— Il vous a dit cela ?

— Et bien d'autres choses encore, comme, par exemple, qu'il était amoureux de moi.

— Qu'il était amoureux de vous ! s'écria le prince rugissant.

— Oh ! quant à cela, je le savais ; car il me l'avait déjà dit ou écrit vingt fois.

François pâlit à faire croire qu'il allait mourir.

— Et depuis six mois, continua mademoiselle de Saint-André, tous les jours, de dix heures à minuit, il se promène sous mes fenêtres.

— Ah ! dit le roi d'une voix sourde et en essuyant la sueur qui perlait sur son front, ceci, c'est autre chose.

— Eh bien, sire, la tête de M. le prince de Condé est-elle devenue plus légère?

— Si légère que, si je ne me retenais, le vent de ma colère l'emporterait de dessus ses épaules.

— Et pourquoi vous retenez-vous, sire?

— Charlotte, ceci est une grave affaire et je ne puis la résoudre seul.

— Oui, il vous faut la permission de votre mère, pauvre enfant en nourrice, pauvre roi au maillot!

François lança un regard menaçant à celle qui venait de lui faire cette double insulte; mais il rencontra le regard de la jeune fille, si menaçant lui-même, qu'il détourna les yeux.

Il arrivait ce qui arrive dans un assaut d'armes : le froissement du fer écartait le fer.

Le plus fort désarmait le plus faible.

Et tout le monde était plus fort que le pauvre François II.

— Eh bien, dit François, s'il me faut cette permission, je la demanderai, voilà tout.

— Et si la reine mère vous la refuse?

— Si elle me la refuse!... dit le jeune prince en regardant sa maîtresse avec une expression de férocité dont on eût cru son œil incapable.

— Oui, si elle vous la refuse?

Il se fit un instant de silence. Puis, après cet instant de silence, on entendit grincer comme un sifflement de vipère.

C'était la réponse de François II.

— Je m'en passerai, dit-il.

— C'est vrai, ce que dit là Votre Majesté?

— Vrai comme il est vrai que je veux mal de mort à M. de Condé.

— Et combien de minutes me demandez-vous pour mettre à exécution ce beau projet de vengeance?

— Ah! de pareils projets ne mûrissent pas en quelques minutes, Charlotte.

— Combien d'heures?

— Les heures passent vite, et l'on ne fait rien de bon en se pressant.

— Combien de jours?

François réfléchit.

— Je demande un mois, dit-il.

— Un mois?

— Oui.

— C'est-à-dire trente jours?

— Trente jours.

— Trente jours et trente nuits, alors?

François II allait répondre, mais la tapisserie se souleva et l'officier de service annonça :

— Sa Majesté la reine mère !

Le roi indiqua à sa maîtresse la petite porte de l'alcôve, laquelle donnait dans un cabinet qui avait lui-même sa sortie sur le corridor.

La jeune fille, pas plus que son amant, n'était disposée à braver la présence de la reine mère ; elle s'élança dans la direction indiquée ; mais, avant de disparaître, elle eut encore le temps de jeter ces dernières paroles au roi :

— Tenez votre promesse, sire !

La dernière vibration de ces paroles n'était pas éteinte, que la reine mère, pour la seconde fois de la journée, franchissait le seuil de la chambre à coucher de son fils.

. . . .

Un quart d'heure après l'exécution d'Anne Dubourg, la place de Saint-Jean en Grève, sombre et déserte, éclairée seulement par les dernières lueurs du bûcher qui rayonnaient de temps en temps, avait l'aspect d'un immense cimetière, et les étincelles qui voltigeaient aidaient à la ressemblance en figurant ces feux follets qui dansent au-dessus des tombes pendant les longues nuits d'hiver.

Et cette illusion était encore complétée par

deux hommes qui traversaient si lentement et si silencieusement la place, qu'ils semblaient deux spectres.

Sans doute avaient-ils attendu, pour commencer leur promenade de nuit, que la foule fût dispersée.

— Eh bien, prince, demanda l'un des deux hommes en s'arrêtant à dix pas du bûcher et en croisant tristement les bras, que dites-vous de ce qui vient de se passer?

— Je ne sais que vous répondre, mon cousin, répondit l'homme désigné sous le titre de prince; mais ce que je sais, c'est que j'ai déjà vu mourir bien des créatures humaines; j'ai assisté à des agonies de toutes sortes, j'ai entendu vingt fois le dernier râle d'un mourant : eh bien, jamais, monsieur l'amiral, ni la mort d'un brave ennemi, ni la mort d'une femme, ni la mort d'un enfant, n'ont produit sur moi une émotion semblable à celle que j'ai ressentie au moment où cette âme a quitté la terre.

— Pour moi, monsieur, dit l'amiral, lequel n'était point suspect quand il parlait de courage, je me suis senti saisi d'une terreur inexplicable; et j'aurais été à la place du condamné, que mon sang ne se serait pas plus effroyablement figé dans mes veines. En un mot, mon cousin, ajouta l'amiral en tenant le poignet du prince, j'ai eu peur.

— Peur, monsieur l'amiral! dit le prince regardant Coligny avec étonnement. Avez-vous dit que vous aviez eu peur, ou ai-je mal entendu?

— J'ai bien dit cela et vous avez bien entendu. Oui, j'ai eu peur ; oui, il m'a passé je ne sais quel frisson de glace dans les veines, quelque sombre pressentiment de ma fin prochaine dans le cœur. Cousin, je suis sûr que, moi aussi, je mourrai de mort violente.

—Alors, donnez-moi la main, monsieur l'amiral, car on m'a prédit, à moi, que je serais assassiné.

Il se fit un moment de silence.

Tous deux se tenaient debout et immobiles, teintés d'une nuance rougeâtre, reflet des dernières flammes du bûcher.

Le prince de Condé semblait plongé dans quelque mélancolique rêverie.

L'amiral de Coligny méditait profondément.

Tout à coup, un homme de haute taille et enveloppé d'un grand manteau surgit devant eux, sans qu'ils eussent même, tant leur préoccupation était grande, entendu le bruit de ses pas.

— Qui va là ? dirent les deux hommes en tressaillant et en portant machinalement la main à leur épée.

— Un homme, répondit le nouveau venu, que vous avez, hier au soir, monsieur l'amiral, honoré de votre conversation, et qui eût été probablement assassiné en sortant de chez vous, s'il n'avait été secouru par monseigneur.

Et, disant cela, après avoir ôté son feutre aux larges bords et avoir salué l'amiral, le nouveau venu s'était tourné vers le prince de Condé et l'avait salué plus profondément encore qu'il n'avait fait de l'amiral.

Le prince et l'amiral le reconnurent.

— Le baron de la Renaudie ! s'écrièrent-ils tous deux à la fois.

La Renaudie dégagea son bras de son manteau et l'étendit vivement vers l'amiral.

Mais, si rapide qu'eût été son mouvement, une troisième main devança la sienne.

C'était celle du prince de Condé.

— Vous vous trompez, mon père, dit-il à l'amiral : nous sommes trois.

— Est-ce bien vrai, mon fils? dit l'amiral avec un cri de joie.

Aux dernières lueurs du bûcher, on aperçut une troupe qui débouchait par le fond de la place.

— Ah ! dit l'amiral, voici M. de Mouchy et ses hommes. Retirons-nous, amis, et n'oublions jamais ni ce que nous venons de voir, ni ce que nous venons de jurer.

De même qu'à la lueur des flammes les trois conspirateurs avaient vu M. de Mouchy, M. de Mouchy les avait vus, mais sans les reconnaître, enveloppés qu'ils étaient dans leurs manteaux.

Il donna l'ordre à ses hommes de marcher au groupe suspect.

Mais, comme si elle n'eût attendu que cet ordre pour s'éteindre, la flamme disparut, et la place rentra dans la plus profonde obscurité.

Et dans cette obscurité disparurent les trois chefs futurs de la réforme protestante, qui devaient tomber l'un après l'autre victimes du serment qu'ils venaient de faire.

FIN.

AVENTURES DE LYDERIC.

AVENTURES DE LYDERIC,

COMTE DE FLANDRE.

I

L'origine des comtes de Flandre remonterait, s'il faut en croire la chronique, à l'an 640 : comme toute grande puissance, son berceau est entouré de ces traditions mystérieuses familières à tous les peuples et qui se sont perpétuées depuis Sémiramis, la fille des colombes, jusqu'à Rémus et Romulus, les nourrissons de la louve. Voici, au reste, cette tradition dans toute sa simplicité :

Vers la fin de l'an 628, Boniface V étant pape à Rome et Clotaire régnant sur l'empire des

Francs, Salwart, prince de Dijon, revenant, avec sa femme Ermengarde, de faire baptiser, dans une église très-vénérée, Lyderic, leur fils premier-né, traversait la forêt de Sans-Merci, que l'on appelait ainsi à cause des brigandages qu'y exerçait Phinard, prince de Buck. Malgré la mauvaise réputation du lieu, Salwart, comptant sur son courage, n'avait autour de lui, pour toute suite, que quatre serviteurs, lorsque, arrivé vers la fin du jour à un endroit très-épais et très-sombre de la forêt, il fut attaqué par une troupe d'une vingtaine d'hommes, commandée par un chef qu'à sa taille gigantesque il lui fut facile de reconnaître pour le prince de Buck. Malgré la disproportion du nombre, il ne résolut pas moins de combattre, non point qu'il eût l'espérance de sauver sa vie, mais parce que, pendant le combat, il espérait que sa femme et son enfant auraient le temps de fuir. En effet, comme la nuit, ainsi que nous l'avons dit, commençait à se faire sombre, Ermengarde se laissa glisser à bas de son cheval et s'enfonça dans la forêt. Confiante alors dans la providence de Dieu, et voulant accomplir autant qu'il était en elle ses devoirs de mère et d'épouse, elle cacha son enfant au milieu d'un buisson qui poussait près d'une fontaine appelée encore aujourd'hui le

Saulx, à cause des grands saules qui l'ombrageaient; puis, après l'avoir recommandé à Dieu dans une ardente prière, elle revint vers l'endroit de la forêt où elle avait quitté son mari, afin — vivant ou mort, libre ou prisonnier — de partager le sort qu'il avait plu au Seigneur de lui faire.

En arrivant au lieu du combat, elle trouva huit corps morts étendus par terre. Comme la lune venait de se lever, elle put en examiner les visages, reconnaître que c'étaient ceux de ses quatre serviteurs et probablement ceux de quatre assaillants; mais en aucun des trépassés elle ne reconnut son mari : il était donc à coup sûr prisonnier, car elle connaissait trop le noble comte de Salwart pour penser un seul instant qu'il avait fui. Au même moment, elle aperçut, à la lueur des torches qui l'escortaient, un convoi qui s'avançait dans la direction d'un château fort qui avait été autrefois une citadelle romaine; et, comme elle reconnut dans la haute stature de l'homme qui le précédait à cheval le chef de la troupe qui les avait attaqués, elle ne fit plus de doute que ce convoi n'emmenât son mari. Or, comme elle avait décidé que sa place à elle était près du comte, elle hâta le pas et rejoignit le cortége. Elle ne s'était point trompée : le comte, mortellement blessé, était couché sur un brancard. Les soldats s'écartèrent pour faire place à cette femme déjà à demi veuve, et le prince de Buck, enchanté d'avoir deux prisonniers au lieu d'un, continua sa route vers son château, où l'on arriva après une demi-heure de marche, à peu près.

Dans la nuit, le comte mourut en priant pour son fils. La comtesse resta prisonnière.

Dès le lendemain, le prince de Buck offrit à la comtesse de Salwart de racheter sa liberté au prix de ses États, ou du moins d'une partie. Mais la comtesse pensa que tels elle les avait reçus de ses pères, tels elle devait les conserver à son enfant, et refusa toute négociation, disant au prince de Buck que, comme son mari et elle étaient comtes souverains, ayant reçu leurs biens de Dieu, c'était à Dieu seul à disposer de leurs biens. Le prince de Buck ordonna alors de resserrer encore la captivité de la comtesse, espérant qu'elle se lasserait de sa prison, et qu'il obtiendrait du temps ce qu'il voyait bien qu'il ne pourrait obtenir de la menace et de la violence. Il reprit donc ses brigandages dans la forêt Sans-Merci, et Ermengarde continua de prier près de la tombe du comte.

Il y avait dans la forêt, et non loin de l'endroit où avait eu lieu le combat, un ermitage très-vénéré habité par un vieil anachorète qui avait fait force miracles dans son temps, mais qui commençait à se reposer, voyant l'espèce humaine devenir de jour en jour plus mauvaise et ne la jugeant plus digne des célestes spectacles qu'il aurait pu lui donner ; aussi demeurait-il pour la plupart du temps retiré dans le fond de sa grotte, où il ne vivait que du lait d'une biche qui, trois fois par jour, venait lui présenter sa mamelle. L'ermite buvait une partie de ce lait et faisait cailler l'autre ; de sorte que, avec quelques racines qu'il arrachait de terre aux environs de sa grotte, il se trouvait avoir des provisions suffisantes : grâce à cette frugalité, il y avait plus de cinq ans qu'il n'avait mis le pied dans aucune ville ni dans aucun village.

Or, il arriva qu'un jour le bon vieillard s'aperçut que sa biche ne revenait à lui que la mamelle à moitié pleine, si bien que, ce jour-là, il eut encore du lait pour boire, mais n'en eut point à faire cailler : il attribua cette cause à quelque accident naturel qui disparaîtrait sans doute comme il était venu, et attendit au lendemain.

Le lendemain, il trouva sa mesure de lait encore diminuée, et non-seulement il n'en eut pas pour faire cailler, mais encore à peine en eut-il pour boire. Le bon ermite prit patience, espérant toujours que les choses changeraient; et cela était d'autant plus probable, que sa biche paraissait mieux portante que jamais, et avait un air joyeux qui faisait plaisir à voir.

Mais, le surlendemain, la chose continuait d'aller de mal en pis : la pauvre biche, ce jour-là, avait la mamelle si sèche, que l'ermite, qui n'avait plus même de lait pour boire, fut obligé de sortir de sa grotte pour aller chercher de l'eau. Il profita en même temps de la circonstance pour faire provision de racines; car, depuis deux jours, il était à la diète, et son ordinaire était déjà si peu de chose, que, quelque peu qu'on en retranchât, le jeûne devenait par trop rigoureux pour être supporté.

Le jour d'après, la biche revint la mamelle parfaitement vide.

Pour cette fois, il n'y avait pas à s'y tromper : quelque voleur se trouvait sur la route de la bonne pourvoyeuse et interceptait les vivres du pauvre anachorète. Cependant, avant de concevoir un si terrible soupçon contre son prochain, le vieillard résolut de s'en assurer, et, le matin du cinquième jour, comme la biche venait ainsi que d'habitude lui faire sa visite, il ferma la porte sur elle.

Toute la journée, la biche parut fort inquiète, allant de l'ermite à la porte de l'ermitage, et de la porte de l'ermitage à l'ermite ; le tout en bramant d'un façon si lamentable, que le vieillard vit bien qu'il se passait quelque chose d'étrange. Pendant ce temps, au reste, sa mamelle se remplissait comme aux jours de sa plus grande abondance, et l'ermite fut obligé de la traire trois fois. Il était donc bien évident que le défaut de lait qu'il avait trouvé chez elle depuis quelques jours ne devait pas être attribué à la stérilité.

Le soir, l'ermite entr'ouvrit la porte pour se chauffer, comme c'était son habitude, aux derniers rayons du soleil couchant ; mais, quelque précaution qu'il eût prise en ouvrant la porte pour retenir la biche prisonnière, celle-ci, dès qu'elle vit une ouverture, se précipita si violemment, qu'elle renversa le vieillard, et, se trouvant libre, s'élança joyeuse et bondissante dans la forêt.

L'ermite se releva en secouant la tête; il connaissait sa biche et la savait incapable de se porter à un pareil acte de violence, même pour recouvrer sa liberté ; car, quelquefois, étant tombé malade, il l'avait vue des jours entiers rester couchée près de lui, ne sortant que pour brouter l'herbe et revenant aussitôt. Il comprit donc qu'il y avait là-dessous quelque mystère, et que ce mystère était tout autre chose que ce qu'il avait soupçonné d'abord.

Le jour suivant, sa conviction redoubla quand il ne vit point revenir la biche : c'était la première fois depuis cinq ans que le fidèle animal manquait à ses habitudes. Le bon ermite attendit ; mais toute la journée se passa sans que la biche reparût.

Le lendemain, le vieillard commença de craindre qu'il ne fût arrivé malheur à sa compagne. Aussi, dès le point du jour, alla-t-il ouvrir sa porte; mais alors il la vit qui broutait à quelques pas de l'ermitage ; en l'apercevant, la biche manifesta par quelques bonds joyeux le plaisir qu'elle avait à le revoir ; mais ce fut tout, car elle ne fit pas un pas vers l'ermitage. L'anachorète l'appela ; à sa voix fût-elle à cinq cents pas de distance, elle avait l'habitude d'accourir ; mais, cette fois, elle se contenta de tourner la tête de son côté en dressant les oreilles. L'ermite fit alors quelques pas vers elle ; mais elle s'éloigna à mesure qu'elle le vit s'avancer. Il était évident qu'elle lui gardait rancune de sa captivité de la veille, et qu'elle ne voulait pas s'y exposer une seconde fois.

Ce langage mimique était trop clair pour que le vieillard ne le comprît pas : il résolut donc de pénétrer les causes du changement de la biche à son égard ; et, comme, vers le midi, elle cessa de paître et parut manifester l'intention de s'enfoncer dans la forêt, l'ermite, de son côté, prit la résolution de la suivre. Ce qu'il fit en effet, secondé par la complaisance de l'animal, qui, comme s'il eût compris l'intention du vieillard, continua de marcher joyeusement par sauts et par bonds, mais sans jamais s'éloigner assez de lui pour qu'il la perdît de vue.

La biche conduisit ainsi le vieillard dans une charmante vallée toute plantée de saules qui trempaient l'extrémité de leurs longues branches pleurantes dans un petit ruisseau dont l'ermite connaissait la source pour s'y être souvent désaltéré. Arrivée à quelques pas de cette source, la biche fit trois ou quatre bonds et disparut. Le vieillard hâta le pas et arriva à l'endroit où il l'avait perdue de vue : là, il s'arrêta, regardant autour de lui sans rien voir autre chose qu'un gros buisson sur lequel chantait un rossignol. Bientôt, au milieu de ce buisson, il entendit bramer doucement ; il s'approcha alors avec précaution et aperçut la biche couchée et allaitant un petit garçon de trois ou quatre mois, qui pressait ses mamelles avec ses petites mains. Le voleur était trouvé.

Le vieillard tomba à genoux et loua Dieu. Puis, ne voulant pas laisser la faible créature exposée aux animaux féroces auxquels elle avait échappé jusqu'alors comme par miracle, il la prit entre ses bras, et l'enveloppant dans un pan de sa robe, il l'emporta dans son ermitage.

La biche les accompagna, regardant l'enfant et léchant les mains du vieillard.

Le vieillard appela l'enfant Lyderic en mémoire du rossignol qui chantait sur le buisson où il l'avait trouvé : *lieder* voulant dire, en vieil allemand, « joyeux chansonnier. »

On devine qu'à compter de ce jour le bon anachorète vécut d'eau et de racines, laissant à son nourrisson tout le lait de la biche : aussi le nourrisson venait-il gros et fort que c'était merveille ; à huit mois, il se tenait debout sur ses pieds, et, à dix, il commençait à parler.

L'ermite lui apprit à lire dans la Bible. Mais, de toutes les histoires que contenait le livre saint, celles qui lui plaisaient davantage étaient les histoires de Nemrod, de Samson et de Judas Macchabée.

II

Aussi, dès qu'il put courir, l'enfant se fit-il une fronde et un arc ; et bientôt son adresse fut telle, que, si éloigné et si petit que fût le but, il était sûr de l'atteindre avec sa flèche ou avec sa pierre.

Ses forces croissaient en proportion de son adresse. A huit ans, il était fort comme un homme ordinaire, et, à dix, comme il se promenait un jour, ainsi que c'était son habitude, avec sa bonne nourrice, qui commençait à se faire vieille, un loup affamé se jeta sur elle ; mais lui se jeta sur le loup et l'étouffa entre ses bras. Puis, de sa peau, il se fit un vêtement, comme il avait vu, dans les gravures byzantines de la Bible du vieil ermite, que Samson s'en était fait un de la dépouille du lion.

Comme il ne se servait de sa fronde et de son arc que contre les oiseaux de proie ou les animaux de carnage, tout ce qui était faible l'aimait et lui faisait fête : les lapins couraient devant lui, les chevreuils le suivaient comme s'il eût été le berger de leur troupeau sauvage, et les oiseaux volaient au-dessus de sa tête en lui chantant leurs plus mélodieuses chansons; et, parmi les oiseaux, les rossignols surtout, dont il y avait tous les ans un nid sur le buisson où il avait été trouvé; si bien que leur langage, inintelligible pour les autres, était compréhensible pour lui, et qu'il entendait tout ce qu'ils disaient.

Le vieil ermite voyait cela en pleurant de joie et en disant que le jeune homme était béni de Dieu.

Le premier chagrin qu'eut Lyderic fut causé par la mort de sa bonne biche : l'enfant ne savait point ce que c'était que la mort. Le vieillard le lui expliqua; mais l'explication, au lieu de le consoler, le rendit plus triste encore. Il creusa une fosse pour elle, la recouvrit de terre et de gazon, puis il s'assit en pleurant près de la tombe.

Alors un rossignol se mit à chanter au-dessus de sa tête :

« Tout vient de Dieu, tout retourne à Dieu, l'éphémère en une seconde, l'insecte en une heure, la rose en un jour, le papillon en six mois, le rossignol en un lustre, la biche en quinze ans et l'homme en un siècle ; — et, depuis l'éphémère qui a vécu une seconde jusqu'à l'homme qui a vécu un siècle, une fois morts, il semblera à l'éphémère, à l'insecte, au rossignol, à la biche et à l'homme, qu'ils auront vécu le même temps, car ils n'auront plus d'autre horloge que celle de l'éternité, dont un battement dit : « Jamais ! » et l'autre battement : « Toujours ! » Dieu est immortel, — louons Dieu. »

Et le rossignol se mit alors à chanter, toujours dans son langage, un cantique si plein de foi, que Lyderic leva son regard au ciel, et qu'un rayon de soleil sécha les larmes qui coulaient de ses yeux : l'enfant était consolé.

Cependant la consolation n'est pas l'oubli : l'une est la fille de la foi, l'autre est le fils de l'égoïsme. Tous les jours, Lyderic venait rendre visite à la tombe de la biche, sur laquelle poussaient des fleurs, et autour de laquelle chantaient les oiseaux. Peu à peu, le gazon qui la couvrait se confondit avec le gazon voisin : à la fin de l'année, à peine s'il pouvait reconnaître la place. L'hiver vint, la terre se couvrit de neige ; puis le printemps reparut à son tour, étendant sur la terre son tapis d'herbe tout brodé de fleurs ; la nature était plus belle que jamais ;

mais tout vestige du tombeau de la pauvre biche avait disparu, et il fut impossible à Lyderic d'en retrouver même la place.

Tandis qu'il la cherchait, courbé vers la terre, le rossignol chanta :

« Cherche, Lyderic, cherche; mais tu chercheras vainement. Le monde n'est formé que de débris humains; chaque atome de poussière a appartenu à un être animé : si toute fosse ne s'affaissait d'elle-même, la terre aurait plus de vagues que l'Océan, et l'homme ne trouverait pas de place pour sa tombe entre la tombe de ses pères et celle de ses fils. »

Lorsque Lyderic eut atteint l'âge de quinze ans, le vieil anachorète commença de lui apprendre l'histoire : c'était un ancien clerc fort savant, tout à fait versé dans les langues anciennes, de sorte que les temps païens lui étaient familiers. Il résulta de ces connaissances qu'à ses trois héros bibliques Lyderic ne tarda point d'ajouter Alexandre, Annibal et César. Il lui apprit ensuite comment ce monde romain, si vaste, qu'au delà de ses frontières on ne connaissait que déserts inhabités ou mers innavigables, s'était un jour lézardé par le milieu, si bien que, de chacun de ses deux morceaux, on avait fait un empire. Il lui raconta comment les nations asiatiques, poussées par la voix de Dieu, s'étaient tout à coup répandues sur l'Europe pour rajeunir, de leur sang barbare, le corps corrompu de la vieille civilisation, et comment à cette heure même ils accomplissaient leur œuvre régénératrice, les Visigoths en Espagne, les Lombards en Italie et les Francs dans les Gaules. Ces récits mêlés de combats et de guerre avaient pour Lyderic un tel charme, qu'il était rare que le vieillard eût besoin de répéter deux fois la même histoire pour que cette histoire se fixât dans son esprit. Il en résulta qu'à l'âge de dix-huit ans Lyderic, dont la double éducation physique et morale était accomplie, était, quoiqu'il n'eût point quitté sa forêt nourricière, un des hommes les plus forts et les plus savants, non-seulement du royaume des Francs, mais encore du monde tout entier.

Alors, comme s'il n'eût attendu que ce moment pour terminer sa longue et sainte carrière, le digne anachorète, qui venait d'atteindre sa centième année, tomba malade; et, sentant que sa fin approchait, après avoir raconté à Lyderic tout ce qu'il savait sur son compte, lui remit un chapelet auquel pendait une médaille de la Vierge, et qui, étant roulé autour de son cou le jour où il l'avait trouvé, était le seul signe à l'aide duquel il pût reconnaître ses parents ; puis il le laissa libre de vivre dans la retraite comme il avait vécu jusqu'alors, ou d'entrer dans le monde, certain que, quelque voie que le pieux jeune homme suivît, cette voie lui serait tracée par le doigt du Seigneur.

Puis, ce dernier soin accompli, il alla rendre compte à Dieu d'un siècle tout entier consacré à son service.

Ce fut la seconde grande douleur de Lyderic : si certain qu'il fût que le digne vieillard était à cette heure au rang des élus, tout en glorifiant sa mémoire, il n'en pleurait pas moins sa perte. Pendant toute la journée et toute la nuit, il pria près de lui, afin qu'il veillât sur son enfant du haut du ciel, comme il avait l'habitude de faire sur la terre ; et, le jour venu, il coucha le vieillard dans la fosse que le vieil ermite s'était creusée lui-même, et sur la fosse il planta un jeune marronnier, afin que la tombe de son père ne fût point perdue comme celle de sa nourrice.

Puis, ces derniers devoirs accomplis, se croyant seul sur la terre, Lyderic s'assit au pied de l'arbre qu'il venait de planter, incertain s'il devait, comme l'ermite, passer sa vie dans ce petit coin du monde, inconnu et priant, ou s'il devait, comme les autres hommes, se mettre à la poursuite de ces deux fantômes aux pieds légers, qu'on appelle la gloire et la fortune.

Comme son esprit flottait irrésolu d'un désir à l'autre, le rossignol vint se reposer sur l'arbre qu'avait planté Lyderic et se mit à chanter :

« Il y a deux choses sacrées dans le monde entre les choses sacrées : c'est la tombe d'un père et la vieillesse d'une mère. Il est un devoir à accomplir entre tous les devoirs : c'est celui qui prescrit à l'enfant de fermer les yeux qui ont vu s'ouvrir les siens. »

Lyderic comprit le conseil que lui donnait le rossignol, et, ayant coupé un jeune chêne pour s'en faire un bâton de voyage, il se mit en route sans inquiétude, certain qu'il trouverait partout des racines pour apaiser sa faim et une source pour étancher sa soif.

Lyderic marcha trois jours sans trouver la fin de la forêt; puis, vers le matin du quatrième jour, ayant entendu des coups de marteau, il se dirigea vers le bruit. Bientôt un nouveau guide vint à son secours, c'était la fumée qui s'élevait au-dessus des arbres. Lyderic doubla le pas, et, au bout d'un instant, il se trouva près d'une forge immense dans laquelle s'agitaient, comme dans un enfer, une douzaine de forgerons obéissant aux ordres d'un homme qui paraissait leur chef. Au-dessus de la porte de la forge était une enseigne avec ces mots :

MAITRE MIMER, ARMURIER.

Lyderic s'arrêta un instant derrière un arbre : c'était la première fois qu'il allait se trouver en contact avec les hommes, et il était défiant comme un jeune daim. Pendant qu'il était là, il vit un beau chevalier qui arrivait à cheval, vêtu d'une armure complète, moins une épée. Parvenu devant la porte de maître Mimer, il descendit de son cheval, en jeta la bride aux mains de son écuyer et entra dans la forge. Maître Mimer ouvrit alors une armoire et présenta au chevalier une magnifique épée : celui-ci la lui paya en pièces d'or; puis, s'étant remis en selle, il continua son chemin et disparut.

A la vue de cette épée, l'envie prit à Lyderic d'en avoir une pareille.

III

Comme Lyderic n'avait pas d'or pour acheter l'épée qu'il convoitait, il résolut de s'en forger une lui-même. Alors, s'approchant de la forge :

— Maître, dit-il en s'adressant à Mimer, je voudrais bien une épée comme celle que tu viens de vendre à ce chevalier; mais, comme je n'ai ni or ni argent pour l'acheter, il faut que tu me permettes de la faire moi-même à ta forge et avec tes marteaux; j'y travaillerai deux heures par jour; le reste de mon temps sera à toi, et, en échange de ce temps, tu me donneras une barre de fer : le reste me regarde.

A cette demande étrange et à la vue de cet enfant sans barbe, les compagnons se mirent à rire, et maître Mimer, le regardant par-dessus son épaule :

— J'accepte ta proposition, lui dit-il, mais encore faut-il que je sache si tu as la force de lever un marteau.

Lyderic sourit, entra dans la forge, prit la masse la plus pesante, et, la faisant voltiger d'une seule main autour de sa tête, comme un enfant aurait fait d'un maillet en bois, il en frappa un si rude coup sur l'enclume, que l'enclume s'enfonça d'un demi-pied dans la terre; et, avant que maître Mimer et ses compagnons fussent revenus de leur surprise, il avait frappé trois autres coups avec la même force et le même résultat, si bien que l'enclume était près de disparaître.

— Et maintenant, dit Lyderic en reposant sa masse, croyez-vous, maître Mimer, que je suis digne d'être votre apprenti ?

Maître Mimer était stupéfait : il s'approcha de l'enclume, pouvant à peine croire ce qu'il avait vu, et essaya de l'arracher de terre; mais, voyant qu'il ne pouvait y parvenir, il ordonna à ses compagnons de l'aider. Les compagnons aussitôt se mirent à l'œuvre, mais tous leurs efforts furent inutiles; alors on alla chercher des leviers, des cordes et un cabestan; mais ni cabestan, ni cordes, ni leviers, ne la purent faire bouger d'une ligne. Ce que voyant Lyderic, il prit pitié du mal que se donnaient ces pauvres gens; et, leur ayant fait signe de s'écarter, il s'approcha de l'enclume à son tour et l'arracha avec la même facilité qu'un jardinier eût fait d'une rave.

Maître Mimer n'avait garde de refuser un tel compagnon, car il avait mesuré du premier coup de quel secours il lui pouvait être; en conséquence, il se hâta de dire à Lyderic qu'il acceptait les conditions qu'il lui avait proposées, tant il craignait que celui-ci ne se repentît d'avoir été si facile et ne lui en demandât d'autres. Mais, comme on le pense bien, Lyderic n'avait qu'une parole, et, à l'instant même, il fut installé chez maître Mimer, avec le titre de treizième compagnon.

Tout alla à merveille : Lyderic choisit la barre de fer qui lui convenait, et, tout en s'acquittant fidèlement des obligations contractées avec maître Mimer, grâce aux deux heures qu'il s'était réservées chaque jour, sans leçons, sans enseignement, rien qu'en imitant ce qu'il voyait faire, il parvint en six semaines à se forger la plus belle et la plus puissante épée qui fût jamais sortie des ateliers de maître Mimer. Elle avait près de six pieds de long; la poignée et la lame étaient faites d'un même morceau; la lame était si fortement trempée, qu'elle tranchait le fer comme une autre eût tranché le bois, et la poignée, si délicatement finie, qu'on eût dit, non pas l'ouvrage d'un homme, mais l'œuvre des génies.

Lyderic l'appela *Balmung*.

Quand maître Mimer vit cette belle épée, il en fut jaloux; car il pensa que, adroit et fort comme était Lyderic, il pourrait lui faire un grand tort s'il lui prenait envie de s'établir dans le canton : ce fut bien pis quand Lyderic lui demanda à rester chez lui encore trois autres mois pour se forger le reste de l'armure, convaincu qu'il était que les chevaliers qui verraient ce qui sortait de la main du compagnon ne voudraient plus de ce que faisait le maître. Aussi, tout en faisant semblant d'accepter aux mêmes conditions ce prolongement d'apprentissage, chercha-t-il les moyens de se débarrasser de Lyderic. En ce moment, son premier compagnon, nommé Hagen, qui craignait que le nouveau venu ne prît sa place, s'approcha de Mimer.

— Maître, lui dit-il, je ne sais à quoi vous pensez : envoyez Lyderic faire du charbon dans la forêt Noire, et il sera immanquablement dévoré par le dragon.

En effet, il y avait alors dans la forêt Noire un dragon monstrueux qui avait déjà dévoré mainte et mainte personne ; si bien que nul n'osait plus passer dans la forêt. Mais Lyderic ignorait cela, n'ayant jamais quitté la grotte du bon anachorète.

Mimer trouva le conseil bon, et dit à Lyderic :

— Lyderic, le charbon commence à nous manquer : il serait bon que tu allasses dans la forêt Noire et que tu renouvelasses notre provision.

— C'est bien, maître, dit Lyderic, j'irai demain.

Le soir, Hagen s'approcha de Lyderic et lui donna le conseil d'aller faire son charbon à un endroit appelé le Rocher-qui-pleure, lui disant que c'était là qu'il trouverait les chênes les plus beaux et les hêtres les plus forts : Hagen lui indiquait cet endroit, parce que c'était celui où se tenait habituellement le dragon. Lyderic, sans défiance, se fit bien expliquer le chemin par Hagen, et résolut d'aller, le lendemain, faire son charbon à la place qu'on lui avait désignée.

Le lendemain, comme il allait partir, le plus jeune des compagnons monta à sa chambre : c'était un bel enfant à la figure ronde et enjouée, aux longs cheveux blonds et aux beaux yeux bleus, nommé Peters, qui était aussi bon que les autres compagnons étaient méchants. Aussi, comme il était le dernier, avait-il eu beaucoup à souffrir de ses camarades jusqu'au moment où Lyderic était entré dans la forge; car, de ce moment, Lyderic s'était constitué son défenseur, et personne, dès lors, n'avait plus osé lui rien dire, ni lui faire aucun mal.

Peters venait dire à Lyderic de ne point aller à la forêt, parce qu'il y avait un dragon ; mais Lyderic se mit à rire, et, tout en remerciant Peters de sa bonne intention, il ne s'apprêta pas moins à partir pour la forêt; mais toutefois après avoir pris Balmung, qu'il eût laissée sans doute s'il n'eût été averti. Maître Mimer lui demanda alors pourquoi il prenait son épée : Lyderic lui répondit que c'était pour couper les chênes et les hêtres dont il comptait faire son charbon. Puis, s'étant informé une seconde fois à Hagen du chemin qui conduisait au Rocher-qui-pleure, il se mit en route joyeusement.

En arrivant au bord de la forêt Noire, Lyderic, qui craignait de se tromper, demanda à un paysan le chemin du Rocher-qui-pleure. Le paysan, croyant que Lyderic ignorait le danger qu'il y avait à s'approcher de cet endroit, lui dit qu'il se trompait sans doute; que le rocher servait de caverne à un dragon qui avait dévoré déjà plus de mille personnes. Mais Lyderic répondit qu'il avait du charbon à faire en cet endroit, parce qu'on lui avait dit que c'était celui où il trouverait les chênes les plus beaux et les plus forts; que, quant au dragon, s'il osait se montrer, il lui couperait la tête avec Balmung.

Le paysan, convaincu que Lyderic était fou, lui indiqua la route qu'il demandait, puis se sauva à toutes jambes en faisant le signe de la croix.

Lyderic entra dans le bois, et, lorsqu'il eut

marché une heure à peu près dans la direction que lui avait indiquée le paysan, il reconnut à la beauté des chênes et à la force des hêtres qu'il devait approcher de la retraite du dragon. En outre, la terre était tellement semée d'ossements humains, qu'on ne savait où poser le pied pour ne point marcher dessus. En effet, ayant fait quelques pas encore, il aperçut une énorme pierre au bas de laquelle était l'ouverture d'une caverne. Comme cette pierre était toute mouillée par une source qui suintait le long de sa paroi, Lyderic reconnut la Roche-qui-pleure.

Lyderic pensa que le plus pressé était d'exécuter d'abord les ordres de maître Mimer. En conséquence, il se mit à faire choix d'un emplacement pour établir son fourneau; puis, ce choix fait, il frappa si rudement avec Balmung sur les arbres qui l'entouraient, qu'en moins d'un quart d'heure il eut construit un énorme bûcher. Le bûcher construit, Lyderic y mit le feu.

Cependant, aux premiers coups qui avaient retenti dans la forêt, le dragon s'était éveillé et avait allongé la tête jusqu'à l'entrée de sa caverne. Lyderic avait vu cette tête qui le regardait avec des yeux flamboyants; mais il avait pensé qu'il serait temps de s'interrompre de son ouvrage quand le dragon viendrait à lui. Cependant, soit que le monstre fût repu, soit qu'il vît à qui il avait affaire, il se tint tranquille tout le temps que Lyderic fut occupé à bâtir son fourneau ; mais, lorsqu'il vit briller la flamme, il se mit à siffler avec tant de violence, que tout autre que le jeune homme en eût-été épouvanté. C'était déjà quelque chose, mais ce n'était point assez pour Lyderic, qui, afin de l'exciter davantage, prit des tisons ardents au bûcher et commença de les jeter à la tête du dragon.

Le monstre, provoqué d'une façon aussi directe, sortit de la caverne, déroula ses longs anneaux et s'avança en battant des ailes vers Lyderic, qui, après avoir fait une courte prière, lui épargna la moitié du chemin. Aussitôt commença un combat terrible, pendant lequel le dragon poussait de si horribles hurlements, que les animaux qui étaient à deux lieues à la ronde sortirent de leurs tanières et s'enfuirent : il n'y eut qu'un rossignol qui resta tout le temps de la lutte perché sur une petite branche au-dessus de la tête de Lyderic, ne cessant d'encourager le jeune homme par son chant. Enfin, le dragon, percé déjà par plusieurs coups de la terrible Balmung, commença de battre en retraite vers son repaire, laissant le champ de bataille tout couvert d'une mare de sang. Mais Lyderic prit un tison allumé à son fourneau, le poursuivit dans sa taverne, où il s'enfonça après lui, et, au bout de dix minutes, reparut à l'entrée, tenant, comme le chevalier Persée, la tête du monstre à la main.

Alors, en le voyant venir ainsi victorieux, le rossignol se mit à chanter :

« Gloire à Lyderic, au pieux jeune homme qui a mis sa confiance en Dieu au lieu de la mettre en sa force. Qu'il dépouille ses vêtements, qu'il se baigne dans le sang du monstre, et il deviendra invulnérable. »

Lyderic n'eut garde de négliger l'avis que lui donnait le rossignol ; il jeta aussitôt le peu de vêtements qu'il avait, s'approcha de la mare de sang qu'avait répandue le dragon ; mais, dans le trajet, une feuille de tilleul étant tombée sur son dos, elle s'y attacha, car, après un si rude combat, la peau du jeune homme était tout humide de sueur.

Lyderic se roula dans le sang du monstre, et, à l'instant même, tout son corps se couvrit d'écailles, à l'exception de l'endroit où était tombée la feuille de tilleul.

Le soir même, comme son charbon était fait, Lyderic en chargea un grand sac sur son dos, et, prenant à la main du dragon, il s'achemina vers la forge de maître Mimer, où il arriva le lendemain matin.

L'étonnement fut grand à la forge : personne ne comptait plus voir Lyderic. Néanmoins, avec quelque sentiment qu'on le vît revenir, chacun lui fit bonne mine, et surtout Hagen, qui, pour rien au monde, n'aurait voulu que le jeune homme se doutât du mauvais tour qu'il avait voulu lui jouer. Mais le maître et lui, de plus en plus envieux contre Lyderic, rêvèrent aussitôt à quels nouveaux dangers ils pourraient l'exposer.

IV

Lyderic ne leur en donna pas le loisir ; car, le même jour, il signifia à maître Mimer que, lui ayant, moins deux heures par jour, donné les semaines de son temps en échange de sa barre de fer, ils étaient quittes; en conséquence, il emportait Balmung et allait courir le monde pour y chercher des aventures, comme faisaient les chevaliers qui venaient tous les jours acheter des armes à la forge. Mimer fit alors observer au jeune homme que ce n'était point assez d'une épée pour se mettre en route dans une telle intention, et qu'il lui fallait encore une cuirasse; mais Lyderic lui répondit qu'une cuirasse lui était parfaitement inutile, attendu qu'après avoir tué le dragon, il s'était baigné dans son sang, ce qui le rendait invulnérable, à l'exception d'une seule place, où était tombée une feuille de tilleul.

Maître Mimer et Hagen auraient bien voulu savoir quelle était cette place, mais ils n'osèrent pas le demander à Lyderic, de peur de lui inspirer des soupçons; ils prirent donc congé de lui avec les expressions de la plus cordiale amitié, et ayant, comme des Judas, le baiser sur les lèvres, mais la trahison dans le cœur.

Lyderic chercha partout Peters pour lui dire adieu, mais il ne put pas le trouver.

A cent pas de la forge, il rencontra l'enfant, qui l'attendait derrière un arbre.

— Frère, lui dit l'enfant, qui croyait Lyderic son égal, mes compagnons de la forge me haïssent, parce que je t'aimais ; je n'ose plus retourner auprès d'eux. Tu es fort et je suis faible ; veux-tu que je t'accompagne? Tu me défendras et je te servirai.

— Viens, dit Lyderic.

Et l'enfant et le jeune homme se mirent gaiement en voyage.

Ils marchèrent ainsi quinze jours, droit devant eux, sans savoir où ils étaient, mangeant des racines, buvant de l'eau, dormant au pied des arbres des forêts ou des bornes de la route, et confiants en Dieu, aux mains duquel il avaient remis leur destinée.

Vers le soir du quinzième jour, ils arrivèrent dans un bois très-épais et très-magnifique, où ils entendirent les aboiements d'une meute et les cors des chasseurs. Lyderic se dirigea vers le bruit, car il était amoureux de tout amusement qui lui rappelait la guerre, et il arriva ainsi à un carrefour où il vit un sanglier monstrueux qui était acculé dans sa bauge et qui tenait tête aux chiens. En même temps, un cavalier richement vêtu, et qui était si bien monté, qu'il précédait tous les autres chasseurs de plus de deux traits de flèche, accourut par une des allées, un épieu à la main, et, sans attendre sa suite, s'élança vers le sanglier, qu'il frappa courageusement de son arme; mais aussitôt le sanglier, furieux de sa blessure, abandonna les chiens auxquels il faisait tête, et, piquant droit à son antagoniste, il passa entre les jambes du cheval, dont il ouvrit le ventre d'un coup de boutoir, et cela, de telle façon, que ses entrailles en sortirent et tombèrent jusqu'à terre. Le cheval, se sentant si cruellement blessé, se cabra de douleur et se renversa sur son maître.

Aussitôt le sanglier, la soie hérissée et faisant claquer ses boutoirs, revint sur celui qui l'avait blessé; mais Lyderic, d'un seul bond, s'élança entre l'animal et le cavalier renversé, et, d'un seul coup de Balmung, perça le sanglier de part en part. Puis aussitôt, courant à celui auquel il venait de sauver la vie, il le tira de dessous son cheval. Pendant ce temps, Peters coupait la hure du sanglier et la présentait à Lyderic, qui la déposa aux pieds du chasseur, comme étant celui à qui elle devait appartenir de droit.

En ce moment, tout le reste de la chasse arriva, et chacun, sautant à bas de cheval, s'empressa de demander au noble chasseur s'il n'était point blessé; mais celui-ci, pour toute réponse, présenta Lyderic aux seigneurs qui l'entouraient en leur disant :

— Que ceux qui sont aises de me voir sain et sauf remercient ce jeune homme, car c'est à lui que je dois la vie.

Aussitôt tous les chasseurs entourèrent Lyderic, en lui faisant force compliments, que Lyderic leur laissa faire en les regardant, tout étonné d'être ainsi félicité pour une action qui lui avait paru, à lui, si simple et si naturelle. Enfin, les félicitations allèrent si loin, que Lyderic, croyant ces gens fous, demanda dans quel pays il était et quel était l'homme auquel il venait de sauver la vie.

Les courtisans lui répondirent qu'il était dans la forêt de Braine, et que celui auquel il venait de sauver la vie était le roi Dagobert.

Lyderic, qui connaissait par renommée la sagesse et le courage de ce prince, dont le nom, en langue teutonique, voulait dire *brillante épée*, s'avança alors modestement vers lui, et, mettant un genou en terre, il lui fit un compliment si bien tourné, que Dagobert, voyant qu'il avait affaire à un jeune homme d'une condition plus distinguée que ne l'indiquaient ses vêtements, le releva aussitôt en lui demandant à son tour d'où il venait et qui il était.

— Hélas! sire, dit Lyderic, je ne puis répondre qu'à la première de ces deux questions. Je viens du bois Sans-Merci, qui est situé dans les environs du château du prince de Buck, sans m'être arrêté autrement que six semaines à la forge de maître Mimer pour me forger cette épée. Quant à ce qui est de ce que je suis, je ne me connais pas moi-même, ayant été trouvé sous un buisson, près de la fontaine de Saulx, par un digne et bon ermite qui m'a élevé, et dont, vivant, je n'eusse jamais quitté la personne, ni mort, la tombe, si un rossignol ne m'avait dit que le premier devoir d'un enfant était de chercher à connaître sa mère. Alors je me suis mis en route, m'en rapportant à Dieu du choix du chemin. Dieu a choisi le bon, puisqu'il m'a conduit ici assez à temps pour sauver la vie au plus grand roi de la chrétienté.

— Oui, tu as raison, mon enfant, et c'est Dieu lui-même qui t'a conduit ici, reprit le roi Dagobert; car peut-être pourrai-je t'apprendre ce que tu ignores. — Éloi, continua le roi en se tournant vers le digne évêque de Noyon, qui était tout à la fois son orfèvre, son trésorier et son ministre, qu'avez-vous fait de la lettre que nous avons reçue ce matin même de notre vassale la noble princesse de Dijon, dame Ermengarde de Salwart, dont nous avions mis la principauté en tutelle, la croyant morte, et qui n'était que prisonnière du prince de Buck?

— La voici, sire, dit Éloi.

C'était une lettre que la princesse de Dijon avait enfin réussi à faire parvenir au roi par un des hommes d'armes du prince de Buck, qu'elle avait séduit en lui donnant une bague qui valait bien six mille livres tournois.

Le roi prit la lettre et la lut.

C'était mot pour mot le récit de la manière dont son mari et elle avaient été attaqués dans la forêt Sans-Merci par le prince de Buck et ses gens ; puis elle racontait la façon dont elle s'était laissée glisser de cheval avec son enfant, comment elle avait déposé cet enfant, qui était un garçon, dans un buisson près d'une fontaine ombragée par des saules ; puis, enfin, comment, dans l'espérance que Dieu veillerait sur lui, elle l'avait laissé là pour rejoindre son mari blessé, lequel était mort dans la nuit suivante. Depuis ce temps, elle était prisonnière du prince de Buck et n'avait jamais voulu consentir à aucune rançon, regardant la principauté de Dijon comme l'apanage de son enfant.

En conséquence, elle suppliait le roi Dagobert, non pas de la venir délivrer, car elle ne voulait pas entraîner son suzerain dans une guerre avec un vassal si puissant que le prince de Buck, mais de faire chercher son fils, qui devait avoir dix-huit ans, et de lui rendre la principauté de Dijon, qui était l'héritage de son père.

Elle espérait qu'on renconnaîtrait cet enfant à un chapelet qu'elle lui avait roulé autour du cou, lequel chapelet soutenait une médaille à l'effigie de la Vierge.

Pendant tout le temps qu'avait duré la lecture, Lyderic avait écouté, les mains jointes et les larmes aux yeux; mais, lorsque le dernier paragraphe fut fini, il poussa un grand cri de joie, et, ouvrant son habit, il montra au roi la médaille et le chapelet.

Le roi Dagobert avait d'abord voulu faire du meurtre de Salwart et de l'emprisonnement d'Ermengarde par le prince de Buck une affaire de suzerain à vassal; mais Lyderic, se jetant à ses genoux, avait réclamé, comme un droit à lui appartenant, la vengeance de son père et de sa mère, et cela, avec tant d'instances, qu'il avait été forcé de lui accorder sa demande, et qu'il avait autorisé Lyderic à défier Phinard, promettant de plus au jeune homme que, si Phinard acceptait le défi, il l'armerait lui-même chevalier et se déclarait d'avance son parrain.

En conséquence, Dagobert ordonna que le héraut de France se tînt prêt pour aller défier le prince de Buck; mais, cette fois encore, Lyderic lui fit observer que, puisque c'était une affaire particulière, c'était un héraut particulier qui devait porter ses lettres de défiance. Dagobert se rendit à ses raisons, et laissa Lyderic libre de choisir son héraut, se chargeant seulement de lui donner une suite digne d'un prince. Lyderic choisit Peters; car, quoique l'enfant eût à peine quatorze ans, il connaissait tellement la grande amitié qu'il lui portait, qu'il se fiait plus à lui qu'à qui que ce fût au monde.

Peters partit accompagné de six écuyers et de vingt hommes d'armes, et, traversant toute la Picardie, il entra en Flandre et vint jusqu'au château de Phinard, qui s'élevait à l'endroit même où est situé aujourd'hui le pont de Phin, dans la ville de Lille, qui, à cette époque, n'existait pas encore; arrivé devant la porte, il s'arrêta avec sa troupe et sonna du cor. Alors la sentinelle sortit de l'échauguette et lui demanda ce qu'il voulait. Peters répondit au soldat qu'il n'avait pas affaire aux valets, mais au maître, et qu'il eût à aller chercher son maître. Si hautaine que fût cette réponse, comme il était facile de juger, d'après la suite de celui qui l'avait faite, qu'il avait le droit de parler ainsi, le soldat alla prévenir le prince de Buck.

Celui-ci, qui était en train de déjeuner, se retourna de fort mauvaise humeur en voyant entrer ce messager, car il n'aimait pas à être dérangé pendant ses repas : si bien qu'il y avait des peines très-fortes contre ceux qui se permettaient de contrevenir à ses ordres; en conséquence, il avait déjà donné l'ordre à deux de ses gardes de saisir le soldat et de le battre de verges, lorsque celui-ci lui fit observer bien humblement qu'il n'avait pris la liberté d'entrer que parce que celui qui l'envoyait était suivi d'écuyers à la livrée du roi de France, ce qui était facile à voir aux fleurs de lis sans nombre qui parsemaient leur manteau. A ces mots, le prince de Buck se leva vivement, et, comme le roi de France était son seigneur suzerain et qu'il connaissait sa sagesse et son courage, il n'eût voulu pour rien au monde se brouiller avec lui. Il se rendit donc sur le rempart pour s'assurer si le soldat lui avait bien dit la vérité, et s'il n'avait pas été trompé par quelque fausse apparence; mais, au premier coup d'œil qu'il jeta sur la troupe qui était arrêtée devant la porte du château, il vit bien, comme le soldat, que ceux qui étaient là venaient de la part du roi Dagobert. En conséquence, il donna aussitôt l'ordre de baisser le pont-levis, afin de recevoir avec tous les honneurs qui lui étaient dus celui qui venait au nom de son suzerain; mais Peters, ayant entendu cet ordre, étendit la main en signe qu'il voulait parler. Chacun écouta.

— Prince de Buck, dit Peters, il est inutile que tu fasses lever la herse et baisser le pont-levis, je n'entrerai pas dans ton château; car ton château est celui d'un traître et d'un meurtrier : écoute donc d'ici et à la face de tous, ce ce que j'ai à te dire. Je viens, au nom de ton seigneur suzerain, le très-grand, très-bon et très-noble roi Dagobert, te dire qu'il te somme d'avoir à répondre d'ici en un mois, devant les pairs du royaume assemblés, aux charges et accusations que porte contre toi mon maître, le très-haut et très-puissant seigneur Lyderic, prince de Dijon, fils du très-noble prince Salwart et de très-vertueuse dame Ermengarde : premièrement, touchant le meurtre de son père, traîtreusement assassiné par toi dans le bois Sans-Merci, et, secondement, touchant la détention injuste et cruelle que, depuis dix-huit ans, tu fais subir à sa mère; si mieux tu n'aimes toutefois accepter l'offre que, sous la protection du roi, te porte le seigneur Lyderic, mon maître, du combat à outrance, à pied ou à cheval, avec la lance, l'épée ou le poignard. Et, en signe de défi, voici le gant que mon maître me charge de clouer à la porte de ton château.

Et, ce disant, il s'avança jusqu'à la porte sur son cheval, et, faisant ce qu'il avait dit, il y cloua le gant avec son poignard.

Si insolent que fût ce défi, le prince de Buck, qui savait, dans l'occasion, être patient comme un anachorète, écouta d'un bout à l'autre avec un calme apparent ; puis, quand Peters eut fini :

— C'est bien, lui dit-il ; retournez vers le roi mon seigneur et maître, et l'assurez de ma part que je n'ai commis ni félonie ni trahison ; le prince de Salwart est tombé dans un combat et non dans un guet-apens. Au reste, j'accepte le défi de celui qui m'accuse, et l'issue du combat prouvera, je l'espère, de quel côté est le bon droit et la vérité. Quant à la princesse Ermengarde, dont celui qui vous envoie réclame la liberté, dites-lui que je lui offre de vider notre différend ici même, afin que, s'il a le dessus, comme il s'en vante follement, il n'ait pas la peine de se transporter trop loin pour la délivrer. Et maintenant, si vous voulez entrer dans ce château, vous y serez reçu et traité comme a le droit de l'être, chez un vassal, l'envoyé de son souverain.

Mais, au lieu d'accepter cette offre, Peters secoua la tête, et, ayant sonné une seconde fois du cor en manière de congé, il repartit au galop avec toute sa suite, et vint rapporter au roi Dagobert et au prince Lyderic la réponse de Phinard.

Rien ne pouvait être plus agréable au jeune homme que cette réponse que Phinard avait faite, non pas que ce dernier comptât sur son bon droit, mais parce qu'il se fiait sur sa force. Il demanda donc à Dagobert d'activer, autant que possible, les préparatifs de son voyage, ayant hâte de délivrer sa mère.

Pendant ce temps, le prince de Buck, qui avait ignoré jusque-là qu'il y eût un héritier du nom de Salwart, fit descendre Ermengarde et lui demanda ce que c'était qu'un certain Lyderic qui se faisait passer pour son fils, et qui, sous la protection du roi de France, était venu le provoquer au combat. Alors Ermengarde, pour toute réponse, tomba à genoux, remerciant Dieu avec une telle expression de reconnaissance, que Phinard n'eut plus de doute que le héraut n'eût dit la vérité. Alors il demanda à la princesse comment il se faisait qu'elle ne lui eût jamais parlé de ce fils, et Ermengarde répondit que c'est qu'elle avait craint qu'il ne s'en emparât et ne le fit mourir; mais que, puisque à cette heure il était sous la protection d'un aussi grand roi que le roi des Francs, et, par conséquent, n'avait plus rien à craindre, elle pouvait tout lui dire. En effet, elle lui raconta comment les choses s'étaient passées. Phinard demanda alors quel âge avait ce fils. Ermengarde répondit qu'il pouvait avoir dix-huit ou dix neuf ans, et Phinard se mit à rire; car il lui semblait étrange qu'un enfant de cet âge vint s'attaquer à lui, qui était dans toute la force de la virilité, et si expert dans les armes, qu'à cent lieues à la ronde, nul homme peut-être n'eût osé se mesurer contre lui. Il attendit donc avec une tranquillité parfaite l'arrivée de son adversaire, convaincu qu'il en aurait bon marché.

Il était dans cette persuasion lorsqu'un matin la sentinelle vint lui dire qu'on apercevait une grosse troupe de cavaliers qui s'avançait vers le château de Buck. Phinard monta aussitôt sur une tour, et, ayant bientôt reconnu que c'était le roi de France et sa cour, il fit ouvrir les portes et s'avança au-devant de lui avec toute sa garnison, mais tête nue et sans armes, comme il convenait à un vassal devant son maître.

A la droite du roi était Lyderic, monté sur un magnifique cheval que lui avait donné le roi, et dont les housses de velours frangées d'or traînaient jusqu'à terre. A gauche était le digne évêque de Noyon, dont Dagobert ne pouvait se passer un instant, en ce qu'il le consultait sur toute chose.

Phinard, après avoir jeté sur Lyderic un regard rapide, mais scrutateur, qui le rassura encore, vu son extrême jeunesse, invita toute la chevauchée à entrer au château. Mais Dagobert répondit qu'une accusation d'assassinat et de forfaiture pesant sur lui, il ne pouvait entrer dans son château tant qu'il n'en serait pas lavé.

Alors Phinard répéta ce qu'il avait déjà dit : que la mort de Salwart était la suite d'un combat, et non d'un guet-apens, et qu'Ermengarde n'était restée prisonnière qu'à la suite de démêlés d'intérêts, ne voulant pas lui rendre, à lui, Phinard, certaines portions de la principauté de Dijon sur lesquelles il prétendait avoir des droits. Mais Lyderic ne put supporter plus longtemps qu'un mensonge si évident fût proféré devant lui.

— Sire, dit-il en s'adressant au roi, cet homme ment par la gorge; d'ailleurs, je suis venu, avec la permission de Votre Majesté, non pour écouter ses raisons, mais pour mesurer mon épée avec la sienne ; que Votre Majesté veuille donc bien ordonner que les préparatifs du combat soient faits à l'instant même, car, depuis dix-huit ans, ma mère est prisonnière et attend l'heure à laquelle elle reverra son fils.

— Vous entendez ? dit le roi en se tournant vers le prince de Buck.

— Oui, sire, répondit Phinard, et je n'ai pas moins de hâte d'en venir aux mains que celui qui m'accuse ; et la fin du combat, je l'espère, me sera plus agréable encore que le commencement.

— Que l'on prépare donc à l'instant la lice, dit le roi, et que chaque champion songe à mettre sa conscience en repos ; car le jugement de Dieu aura lieu demain matin, et malheur à celui que le Seigneur appellera pour l'interroger sans qu'il soit préparé à lui répondre !

Phinard s'inclina et rentra dans son château. Le roi Dagobert fit poser ses tentes à l'endroit même où il était ; et l'espace qui se trouvait compris entre le camp royal et la forteresse princière fut désigné pour la lice.

V

Lyderic passa la fin de la journée en prières; puis, vers le point du jour, il se confessa au saint évêque de Noyon, qui lui donna l'absolution de ses péchés.

Quant au prince de Buck, il agit d'une bien autre façon : car, complétement rassuré par la vue du jeune homme contre lequel il allait combattre, il n'avait conservé aucune crainte, et, si mauvaise que fût sa cause, il comptait bien que son bras ne lui ferait pas défaut dans une pareille occasion. Au lieu de passer la nuit en prières et en dévotions, comme il aurait dû faire, il commanda donc un grand souper, afin de faire fête à tous ses officiers, et, en manière de bravade, il invita la princesse Ermengarde à en venir prendre sa part en lui disant qu'il lui avait réservé une place à sa table en face de lui.

La princesse Ermengarde fit répondre à Phinard que la seule table dont elle dût s'approcher en un pareil moment était celle du Seigneur. En effet, le messager rapporta à Phinard qu'il avait trouvé Ermengarde agenouillée dans la chapelle.

Phinard se mit joyeusement à table avec ses officiers, en laissant la place de la comtesse vide, afin que, si elle changeait d'avis, elle pût la venir prendre ; puis il s'assit en face de cette place, et donna le signal en se versant à boire et en passant à ses convives une cruche pleine de vin.

Le souper se prolongea fort avant dans la nuit au milieu des chants de joie, des blasphèmes et des éclats de rire, tandis que la cloche sonnait tristement les heures que le temps emportait et que Phinard aurait dû employer d'une tout autre façon.

Au premier coup de minuit, les lampes pâlirent, et l'on entendit comme un pas lourd qui s'approchait lentement par la salle d'armes, à l'autre extrémité de laquelle était la chapelle ; chacun se retourna en silence du côté par où venait le bruit; et, comme la cloche frappait pour la douzième fois, la porte s'ouvrit, et un chevalier parut.

Mais ce qui fit frissonner tout le monde jusqu'au fond du cœur, c'est que ce chevalier était de marbre, et que chacun reconnut en lui la statue du père du prince de Buck, qui, depuis trente ans, était restée immobile et couchée sur son tombeau.

A cet aspect, tout le monde se leva, et Phinard comme les autres; seulement, peut-être était-il encore plus pâle que les autres, car il savait que c'était une habitude dans sa famille, que les pères vinssent prévenir ainsi les fils, la veille de leur mort.

La statue s'avança d'un pas lent et roide, la visière de son casque levée et ses yeux de marbre fixés sur Phinard; puis elle vint s'asseoir à la place vide en face de lui.

Alors Phinard ordonna à l'échanson de remplir la coupe de son père, et à l'écuyer tranchant de lui couvrir son assiette. Mais ni l'un ni l'autre n'osèrent s'approcher du convive de pierre. Phinard se leva, remplit la coupe de son père du meilleur vin qui eût été servi à souper, et couvrit son assiette d'une tranche de viande coupée au meilleur morceau. La statue le regardait faire, tournant la tête sur son cou roide, sans que le reste du corps bougeât de place. Mais elle ne décroisa pas les mains de dessus sa poitrine, et ne but ni ne mangea; seulement, lorsque Phinard se fut rassis à sa place, il lui sembla que deux grosses larmes coulaient des paupières de marbre de la statue : c'est que Phinard était le dernier de sa race, et que la statue, toute de marbre qu'elle était, pleurait de voir finir cette race d'une façon si fatale et si ignominieuse.

Les deux larmes roulèrent des joues sur les moustaches du vieux prince, puis, des moustaches, elles tombèrent sur la table. Alors les yeux de la statue redevinrent secs, et elle se leva en faisant de la tête signe à Phinard de la suivre.

Phinard prit, dans une des mains de fer scellées au mur, une branche de sapin allumée, et suivit la statue ; quant aux autres convives, ils restèrent immobiles à leurs places comme si eux-mêmes étaient devenus de pierre.

La statue, toujours suivie du prince, s'engagea dans la salle d'armes ; mais, au lieu de la traverser entièrement, comme elle avait dû le faire pour venir de la chapelle, elle prit une porte latérale et sortit dans le préau ; arrivée là, elle retourna la tête pour voir si Phinard la suivait toujours, et, comme elle vit qu'il marchait derrière elle, elle continua son chemin, traversa le préau, entra dans une cour isolée où l'on jetait toutes sortes de débris, et s'arrêta près d'une tombe fraîchement creusée.

Phinard était passé pendant la soirée dans

cette cour, et l'avait trouvée dans son état habituel; la fosse avait donc été creusée pendant qu'il soupait. Phinard regarda autour de lui, et ne vit personne, si ce n'est la statue, qui se remit en route, marchant toujours de son pas grave et inanimé.

Cette fois, la statue se dirigeait vers la chapelle souterraine où était sa propre tombe, toujours suivie de Phinard, qui marchait derrière elle comme entraîné par une puissance surhumaine. Devant le fantôme de pierre, la porte s'ouvrit toute seule, et Phinard, en plongeant son regard sous la voûte, vit que la statue qu'il suivait manquait au tombeau. Seulement, le lion de marbre qui était couché à ses pieds, en signe que le noble prince dont il gardait le corps était mort sur le champ de bataille, s'était levé sur ses pattes de devant, et, la tête tournée vers la porte, semblait attendre le retour de son maître. Alors la statue marcha droit au tombeau, s'étendit à la même place où elle dormait depuis trente ans; le lion se recoucha à ses pieds, et tout rentra dans le silence et dans l'immobilité de la mort.

Phinard était un cœur de fer que le démon avait détourné de la voie où avaient marché ses ancêtres, mais qui, pour être devenu criminel, n'en était pas moins ferme et moins puissant. Il voulut donc s'assurer qu'il n'était pas le jouet de quelque vision, et s'approcha du tombeau : la pierre s'était déjà reprise à la pierre comme si elle n'en avait jamais été séparée. Il tourna la tête alors du côté de la tombe de sa mère, placée en face de celle de son mari, et dont la statue était ordinairement couchée comme la sienne, excepté qu'au lieu d'avoir un lion à ses pieds, en signe de courage, elle avait un chien, en signe de fidélité. La statue maternelle avait miraculeusement changé de position : elle était à genoux et priait.

Dès lors, Phinard n'eut plus de doute que tout ceci ne fût un avertissement de Dieu : le fantôme de pierre était venu lui annoncer, comme c'était l'habitude, que son dernier jour était proche. La tombe qu'il lui avait montrée, creusée dans une terre profane, était la tombe infâme où il devait dormir jusqu'au jour du jugement dernier; et sa mère, qu'il avait trouvée priant sur son tombeau, priait le Seigneur qu'à défaut du corps, il sauvât au moins, dans sa miséricorde, l'âme de son fils.

Toutes ces choses apparurent aussi clairement à Phinard que s'il les voyait écrites en lettres de feu. Il retourna donc tout pensif dans la salle du festin; la salle était vide, car chacun s'était promptement retiré de son côté. Phinard appela ses gens; mais ce ne fut qu'au troisième appel qu'un vieux serviteur, qui savait par expérience combien il était dangereux de faire attendre son maître, se présenta tout tremblant.

— Mon vieux Niklaus, dit le prince de Buck d'une voix douce, va me chercher le chapelain.

Le vieux serviteur regarda Phinard avec toutes les marques du plus profond étonnement. Celui-ci renouvela sa demande.

— Mais, monseigneur, répondit Nicklaus, vous savez bien que voilà tantôt quinze ans que le chapelain est mort, et que, depuis ce temps, vous n'avez jamais songé à le remplacer.

— C'est vrai, répondit Phinard en soupirant, je l'avais oublié... Alors va jusqu'au camp du roi des Francs, mon seigneur et maître, et supplie l'évêque de Noyon de venir entendre la confession d'un pauvre pécheur.

Le vieux serviteur obéit sans répliquer, et l'évêque le suivit sans même lui demander quel était l'homme qui réclamait son ministère.

Le lendemain, au point du jour, la lice étant prête, le roi Dagobert, accompagné de toute sa chevalerie, monta sur l'estrade qui lui avait été préparée. Quant à Lyderic, il était dans son pavillon, où le roi lui avait envoyé une magnifique armure forgée et bénite pour lui-même par l'évêque de Noyon; mais, après avoir essayé les différentes pièces, il s'était trouvé gêné dans toute cette ferraille, et, comme elle lui était inutile, puisqu'il était invulnérable, à l'exception de l'endroit où était tombée la feuille de tilleul, il l'avait renvoyée au roi, en lui faisant dire que sa coutume n'était point de combattre ainsi appareillé.

Six heures sonnèrent; c'était l'heure fixée pour le combat, et l'on était fort étonné de n'avoir pas encore vu paraître le prince de Buck, qui devait occuper le pavillon opposé à celui de Lyderic; mais le roi, ayant pensé qu'il se tenait tout armé derrière ses murailles, commanda que le signal fût donné comme s'il eût été présent, et la trompette retentit quatre fois, portant aux quatre coins de l'horizon le défi de Lyderic.

Le roi ne s'était point trompé : le dernier appel guerrier venait d'expirer à peine, lorsque la porte du château s'ouvrit, et que Phinard parut, non point, comme on s'y attendait, monté sur son cheval de guerre et portant sa lance de bataille, mais à pied, le corps vêtu d'un sac, les cheveux couverts de cendres, pieds nus et la corde au cou ; derrière lui marchaient, montés sur deux magnifiques chevaux, la princesse de Dijon, portant son manteau et sa couronne, et le digne évêque de Noyon, revêtu de ses habits épiscopaux ; puis, enfin, derrière la princesse et l'évêque, toute la garnison, couverte de ses armes défensives, mais sans casque et sans épée.

L'étrange cortége entra ainsi dans la lice, et Phinard, montant les degrés de l'estrade, vint s'agenouiller devant le roi. Alors chacun fit silence pour entendre ce qu'il allait dire.

— Sire, dit Phinard, vous voyez à vos genoux un grand pécheur que la grâce a touché et qui a mérité la mort, mais qui supplie Votre Majesté de lui accorder la vie pour qu'il puisse pleurer ses fautes et en obtenir le pardon de Dieu. Tout ce qu'a dit contre moi le seigneur Lyderic est vrai ; mais je le prie de me pardonner, comme m'a déjà pardonné sa noble mère, et de recevoir de moi, à titre d'expiation et de dédommagement du tort que je lui ai causé, ma principauté de Buck et mon comté d'Harlebeke, convaincu que je suis que je ne pourrais en faire don à un plus noble et à un plus brave que lui.

— Prince, répondit le roi, si ceux que vous avez tenus en oppression et en captivité vous ont pardonné, je n'ai pas le droit d'être plus sévère qu'eux : je vous fais donc grâce de la vie; quant à votre âme, je n'ai aucun pouvoir sur elle, et c'est une affaire entre vous et Dieu. Prince de Dijon, ajouta le roi en se retournant du côté de Lyderic, avez-vous entendu, et pardonnez-vous à Phinard comme je lui pardonne?

Mais Lyderic était déjà dans les bras de sa mère. Ermengarde, en voyant paraître ce beau jeune homme à la porte de son pavillon, l'avait instinctivement reconnu pour son enfant; et tous deux, s'approchant du roi :

— Oui, sire, dit Ermengarde; et non-seulement nous lui pardonnons, tant notre cœur est joyeux, mais encore nous supplions Votre Majesté de lui laisser son titre et ses biens au moins pendant sa vie durant. Notre principauté de Dijon est assez noble et assez puissante pour donner, dans l'occasion, à notre bien-aimé fils le pouvoir de servir efficacement Votre Majesté.

Mais Phinard n'attendit pas même que le roi manifestât son intention sur ce point; et, déposant aux pieds du roi les clefs de son château, il lui dit qu'il en faisait, ainsi que du reste de ses terres, l'abandon à l'instant même, et qu'il ne s'y réservait, avec la permission du nouveau maître, que les six pieds de terre où était creusée la fosse miraculeuse à laquelle il devait sa conversion. Puis, à ces mots, dits avec une telle fermeté, que chacun vit bien que sa résolution était prise, il salua le roi et s'enfonça dans la forêt, où on le vit disparaître.

Le même jour, le roi reçut, dans le château même de Buck, le serment et l'hommage de Lyderic pour la principauté de Dijon, la principauté de Buck et le comté d'Harlebeke, et, voulant ajouter un nouveau titre à ceux qu'il avait déjà, il le nomma premier forestier de Flandre.

Puis, quand le roi eut été bien fêté avec toute sa cour au château de Buck, il reprit la route de Soissons, sa capitale.

VI

Le premier soin de Lyderic fut de faire avec sa mère un voyage par tous ses domaines anciens et nouveaux, afin d'y établir des délégués qui, en son absence, pussent rendre la justice comme s'il eût été toujours là. Pendant trois mois que dura le voyage, ce ne furent que fêtes ; car Ermengarde était fort aimée de ses sujets, et, pendant son absence, les mères avaient parlé d'elle à leurs filles, et les pères à leurs fils, et il ne s'était point passé de dimanche que l'on n'eût prié dans chaque église pour son retour. La joie était donc grande de voir ces longues prières exaucées au moment où l'on y comptait le moins.

De retour au château de Buck, Ermengarde demanda à son fils si, pendant toute la tournée qu'ils venaient de faire, il n'avait pas vu quelque noble jeune fille qu'il jugeât digne de son amour. Mais Lyderic répondit que non, et que, jusqu'alors, ni dans ses voyages, ni dans la cour du roi Dagobert, ni dans ses propres domaines, il n'avait vu encore femme qu'il se sentît disposé à aimer. Cette réponse fit grande peine à la bonne dame, car elle commençait à se faire vieille, et, avant de mourir, elle aurait bien voulu embrasser ses petits-enfants.

Le soir, Lyderic descendit au jardin, et il y resta plus tard qu'à l'ordinaire, car la demande de sa mère l'avait rendu tout pensif. Il était donc assis sur un banc, le front appuyé entre ses mains, lorsqu'un rossignol vint se percher sur sa tête et se mit à chanter :

« Il y a dans un pays lointain une jeune fille plus blanche que la neige, plus fraîche que l'aurore et plus pure que l'eau du lac Sandhy, au fond duquel on voit se former les perles ; elle n'a jamais aimé encore, car elle ne doit aimer que celui qui aura conquis le grand trésor des Niebelungen et le casque qui rend invisible. Cette jeune fille, plus blanche que la neige, plus fraîche que l'aurore et plus pure que l'eau du lac Sandhy, au fond duquel on voit les perles se former, est la belle Chrimhilde, la sœur de Gunther, roi des Highlands. »

Le lendemain, Lyderic dit à sa mère que la seule femme qu'il épouserait jamais serait la belle Chrimhilde, sœur de Gunther, roi des Highlands. Ermengarde demanda quelle était cette belle Chrimhilde et où était situé le royaume des Highlands. Lyderic répondit qu'il n'en savait rien, mais que, le soir même, il se mettrait à la recherche de l'un et de l'autre.

En effet, le soir même, Lyderic, ayant laissé le gouvernement de ses États à sa mère, ceignit son épée Balmung, monta sur le cheval que lui avait donné le roi Dagobert, et, suivi de Peters, son écuyer, se mit à la recherche de la belle Chrimhilde.

Lyderic fit plusieurs centaines de lieues, marchant par monts et vaux, mais sûr de ne pas se tromper, car le rossignol voletait devant lui, s'arrêtant le soir sur l'arbre sous lequel il était couché, et se posant sur le mât de sa barque ou de son navire lorsqu'il traversait des fleuves ou des bras de mer. Enfin, il arriva un soir dans un pays qui lui parut magnifique, et, comme d'habitude, il se coucha avec Peters sous un arbre ; le rossignol se percha dessus, et les chevaux se mirent à paître à l'entour.

Le lendemain, au point du jour, il se fit un tel bruit, qu'il se réveilla. Il voulut regarder ce qui le causait ; mais, lorsqu'il essaya de se lever, la chose lui était impossible : il était attaché à la terre non-seulement par le corps, mais encore par les bras, par les mains, par les jambes et par les cheveux. Alors il entendit autour de lui de grands éclats de rire, et en même temps une voix menaçante retentit à son oreille, et lui dit :

— Qui es-tu? que veux-tu? où vas-tu?

Lyderic fit un si grand effort pour se tourner du côté d'où venait la voix, qu'il arracha les liens qui tenaient sa tête, de sorte qu'il put voir celui qui lui parlait ainsi. C'était un petit homme de deux pieds de haut, avec une longue barbe blanche et une couronne d'or sur la tête; il tenait à la main un fouet d'or à quatre chaînes d'acier, et, au bout de chaque chaîne, il y avait un diamant brut dont chaque angle était plus effilé qu'un rasoir, de sorte que, lorsqu'il frappait avec ce fouet, il faisait d'un coup sept blessures. Comme il ne doutait pas que ce ne fût ce nain qui lui eût adressé la parole, il répondit :

— Je suis Lyderic, premier comte de Flandre; je veux conquérir le trésor des Niebelungen et le casque qui rend invisible, et je vais à la recherche de la princesse Chrimhilde, sœur de Gunther, roi des Highlands.

— Eh bien, dit le nain à la barbe blanche, ton voyage est fini, car tu es dans le pays des

Nibelungen; seulement, au lieu de conquérir leur trésor et le casque qui rend invisible, tu travailleras le reste de ta vie aux mines de Sauten. Ton écuyer sera gardien de mes pourceaux, tes deux chevaux tourneront la meule de mes moulins à huile, ton rossignol chantera dans une cage attachée à ma fenêtre, et la princesse *Chrimhilde*, lassée de t'attendre, en épousera un autre ou mourra vierge comme la fille de Jephté; et, afin que tu ne puisses douter de la vérité de ce que je te dis, sache que je suis le puissant Alberic, roi des Niebelungen.

A ces paroles menaçantes, auxquelles les oreilles du jeune comte avaient été si peu habituées jusqu'alors, il fit un si terrible mouvement, qu'il dégagea sa main droite des liens qui la retenaient, et, du même coup, saisit le roi Alberic par la barbe; mais celui-ci, brandissant son fouet d'or, en porta au comte de Flandre un coup si violent, que l'un des diamants ayant justement frappé à l'endroit où il n'était pas invulnérable, la douleur lui fit lâcher prise.

Aussitôt le roi appela à lui toute son armée, et Lyderic sentait qu'on le frappait de tous côtés avec toutes sortes d'armes, et, au milieu de tous les coups qu'il recevait et qui s'émoussaient sur lui, il sentait les coups du fouet d'or rapides et redoublés comme ceux d'un fléau qui bat le grain dans une grange. Alors Lyderic vit bien qu'il n'y avait pas de temps à perdre; il fit un effort pareil à ceux qu'il avait déjà faits, et parvint à dégager son bras gauche et à s'asseoir. En cette position, il put voir toute la plaine couverte, à un quart de lieue autour de lui, de l'armée des Niebelungen, qui formait bien huit à dix mille hommes, les uns à cheval et armés de haches et de sabres, les autres à pied et armés de lances et de hallebardes. A leur tête était le roi Alberic, à qui on venait d'amener son coursier de bataille, et qui s'empressait de le monter, jugeant le cas où il se trouvait plus grave qu'il ne l'avait cru d'abord. En outre, un groupe d'une centaine de personnes emmenait Peters prisonnier avec les deux chevaux, et une espèce de nain tout noir emportait, tout en dansant et en grimaçant, le rossignol dans sa cage.

Cette vue donna à Lyderic une plus grande douleur que n'aurait pu le faire son propre danger. Il dégagea donc aussitôt ses cuisses et ses jambes, et, se dressant sur ses pieds, il tira Balmung, et, s'élançant sur ceux qui emmenaient Peters, ses chevaux et le rossignol, il se mit à frapper sur eux comme s'il avait affaire à des géants; de sorte qu'on vit à l'instant voler les bras et les têtes d'une si rude façon, que chacun lâcha ce qu'il tenait et se mit à fuir : il n'y eut que le nègre qui ne voulut pas lâcher le rossignol ; mais Lyderic fit trois pas dans sa direction, le saisit par le milieu du corps, lui arracha la cage des mains, et, comme le nain se tordait entre ses doigts, avec de grands cris et en essayant de le mordre au lieu de demander grâce, il le jeta rudement à terre et l'écrasa avec son talon, comme on fait d'une bête malfaisante.

Aussitôt il détacha les liens de Peters, coupa les entraves des chevaux et ouvrit la cage du rossignol, de sorte que chacun se retrouva en liberté.

Mais Lyderic comprit, au bruit qui se faisait autour de lui, que rien n'était fini encore, et qu'au contraire, l'affaire ne faisait que s'engager. En effet, en se retournant, il vit que le roi avait fait ses dispositions pour une attaque générale : ayant divisé son armée en trois corps, deux d'infanterie et un de cavalerie, qui devaient l'attaquer en face et sur les flancs, tandis qu'un régiment tout entier filait de l'autre côté d'une montagne, avec l'intention de le venir surprendre par derrière.

Lyderic songea un instant s'il ne monterait

pas à cheval pour charger tous ces mirmidons ; mais, réfléchissant que son cheval, n'étant point invulnérable comme lui, lui serait plutôt un embarras qu'un secours, il fit placer Peters et les deux coursiers à l'arrière-garde, avec ordre positif de ne pas bouger, et se résolut de combattre à pied. Quant au rossignol, il était sur son arbre, et, joyeux de se retrouver libre, il chantait que c'était merveille.

Alors la bataille commença. Attaqué en face par le roi et sa cavalerie, attaqué sur les deux flancs par l'infanterie, et menacé sur ses derrières par un régiment, Lyderic commença à faire le moulinet avec Balmung, de façon à répondre à la fois à tous les assaillants. Heureusement, si les Niebelungen étaient nombreux, le comte de Flandre était infatigable, et un moissonneur eût été lassé qui eût abattu autant d'épis dans sa journée qu'au bout d'une heure il avait abattu d'hommes.

Alors Lyderic vit bien qu'il fallait procéder par méthode ; il s'attacha donc à l'aile gauche, qu'il détruisit entièrement ; puis il se retourna vers l'aile droite, qu'il mit en fuite ; de sorte qu'il n'eut plus affaire qu'au roi et à sa cavalerie ; quant au régiment qui devait le venir prendre par derrière, il avait été tenu en respect par Peters, et n'avait point osé s'approcher.

Il ne lui restait donc plus à combattre que le roi et sa cavalerie; mais Alberic était tellement acharné contre lui, que c'était le plus fort de la besogne. Il y avait dans ce petit corps l'âme et la force d'un géant; de sorte que Lyderic, sans s'inquiéter du reste de la cavalerie, ne s'occupa plus que du roi, qui évitait avec une merveilleuse agilité les coups de Balmung, et sanglait Lyderic de si rudes coups avec son fouet d'or, que tout autre que lui en eût eu le corps en lambeaux; enfin, Lyderic, d'un coup de Balmung, finit par couper les deux jambes de devant au cheval du roi, qui s'abattit et le prit sous lui. Aussitôt Lyderic mit la pointe de Balmung sur la poitrine du roi, qui lâcha son fouet d'or en criant merci, et promettant, si le comte de Flandre voulait lui laisser la vie, de lui livrer le grand trésor des Niebelungen et le casque qui rend invisible. Quant au reste de la cavalerie, voyant le roi abattu, elle avait pris la fuite.

Lyderic remit Balmung au fourreau, tira le roi Alberic de dessous son cheval, et, lui ayant lié les deux mains avec sa barbe, ramassa le fouet d'or, et ordonna au roi de marcher devant lui pour le conduire à l'endroit où était caché le grand trésor des Niebelungen. Peters, les deux chevaux et le rossignol suivirent Lyderic.

Après avoir marché une demi-heure, à peu près, on arriva à un endroit tellement fermé par des rochers, qu'il semblait qu'on ne pût pas aller plus loin. Alors Alberic dit au comte de toucher la pierre avec son fouet d'or, et la pierre s'ouvrit aussitôt, formant une entrée assez grande pour que le roi, le comte, Peters et les deux chevaux pussent passer; quant au rossignol, il resta dehors, tant il avait peur que cette entrée ne fût celle d'une énorme cage.

Le comte de Flandre et Alberic s'avancèrent à travers une colonnade magnifique, car chaque colonne était de jaspe, de porphyre ou de lapis-lazuli, jusque dans une grande salle carrée, toute en malachite, qui avait une porte à chacune de ses faces; chacune de ces portes donnait dans une chambre toute pleine de pierres précieuses, et s'appelait du nom du trésor qu'elle renfermait : il y avait la porte des Perles, la porte des Rubis, la porte des Escarboucles et la porte des Diamants. Alberic lui ouvrit les quatre portes et lui dit de prendre ce qu'il voudrait.

Comme il aurait fallu plus de cinq cents voitures pour emporter tout ce qu'il y avait là de pierres précieuses, Lyderic se contenta de remplir quatre paniers que lui apporta le roi, le premier de perles, le second de rubis, le troisième d'ercarboucles et le quatrième de diamants, et fit charger par Peters les quatre paniers sur ses deux chevaux; puis il dit au roi Alberic, qui le pressait d'en prendre davantage, que ce qu'il en avait lui suffisait pour le moment, et que, quand il n'en aurait plus, il en reviendrait chercher.

Alors Alberic demanda au comte de Flandre qu'il voulût bien, puisqu'il l'avait loyalement conduit à son trésor, lui délier les mains et lui rendre son fouet d'or, et qu'alors il le mènerait avec la même fidélité à la caverne où était le casque qui rend invisible; il se fondait sur ce que, le casque étant gardé par un géant que l'on nommait Taffner, le géant ne lui obéirait pas s'il le voyait désarmé. Lyderic répondit que, si le géant n'obéissait pas, c'était son affaire à lui de le faire obéir, et qu'il en viendrait bien à bout; mais à ceci Alberic répondit à son tour que le géant n'aurait qu'à mettre le casque sur sa tête, et qu'alors il disparaîtrait, sans que ni l'un ni l'autre sussent où le retrouver. Cette raison parut si plausible au comte de Flandre, qu'il délia les mains du roi et qu'il lui rendit son fouet d'or. Le nain parut très-sensible à cette marque de confiance, et, étant sorti de la roche précieuse avec Lyderic, Peters et les deux chevaux chargés, il s'achemina vers une autre partie du royaume des Niebelungen, où l'on voyait s'élever un rocher si sombre, qu'on eût dit qu'il était de fer. Pendant qu'ils marchaient ainsi, le rossignol voletait d'arbre en arbre et chantait :

« Prends garde à toi, Lyderic, prends garde! la trahison a des yeux de gazelle et une peau d'hermine, et ce n'est que tombé dans le piége que l'on sent ses griffes de tigre et son dard de serpent. Prends garde à toi, Lyderic, prends garde! »

Et Lyderic, sans perdre de vue le roi des Niebelungen, faisait signe de la tête au rossignol qu'il l'entendait, et continuait son chemin; mais, au fond du cœur, il pensait que le rossignol n'était pas un oiseau très-courageux, et qu'il voyait le danger plus grand qu'il n'était.

A mesure que l'on avançait vers la montagne noire, le chemin devenait de plus en plus difficile; mais Alberic marchait devant, frappant avec son fouet d'or et écartant tous les obstacles. Enfin, ils arrivèrent à un endroit où la route tournait tout à coup, et ils se trouvèrent en face d'une grande caverne. Au même instant, Alberic fit un bond de côté, cria : « A moi, Taffner ! » et, frappant la terre du talon, disparut par une trappe comme un fantôme qui serait rentré dans sa tombe.

Le comte de Flandre cherchait déjà l'entrée de la trappe, afin de le poursuivre jusque dans les entrailles de la terre, lorsqu'il entendit des pas lourds et retentissants qui s'approchaient de lui. Il se retourna alors vivement du côté d'où venait le bruit ; mais il ne vit absolument rien, ce qui lui fit croire qu'il allait avoir affaire au géant Taffner, et que celui-ci le venait combattre ayant sur sa tête le casque qui rend invisible. En effet, à peine avait-il eu le temps de tirer son épée pour se mettre à tout hasard en défense, qu'il lui sembla que la montagne lui tombait sur la tête : c'était le géant Taffner qui venait de lui donner un coup de massue.

Si fort que fût Lyderic, comme il ne s'attendait point à être attaqué ainsi, il plia le front et tomba sur un genou ; mais aussitôt, se relevant, il donna à tout hasard un grand coup de Balmung devant lui. Quoiqu'il eût l'air de frapper dans le vide, il sentit cependant une résistance, ce qui lui fit croire qu'il avait touché le géant, qui, pour être invisible, n'était point impalpable. En même temps, un rugissement de douleur poussé par Taffner, et suivi d'un second coup de massue, lui prouva qu'il ne s'était point trompé ; mais, cette fois, il s'y attendait, de sorte que, si bien appliqué que fût le coup, Lyderic le reçut sans plier le jarret, et y riposta par un coup d'estoc à fendre un rocher. Il parut que le coup avait eu son effet, car Taffner poussa un second rugissement, et Lydric attendit en vain, pendant quelques secondes, une troisième attaque.

Le comte de Flandre croyait déjà être débarrassé du géant, et que celui-ci avait fui, lorsqu'il vit venir à lui, avec la rapidité de la foudre, une pierre aussi grosse qu'une maison, laquelle sortait toute seule de la caverne, comme si elle eût été lancée par quelque catapulte invisible ; cette pierre fut suivie d'une seconde, puis d'une troisième, et cela, avec une telle rapidité, qu'en évitant l'une il ne pouvait éviter l'autre. Lyderic comprit alors que c'était le géant qui avait changé de tactique, et qui, satisfait des deux coups qu'il avait reçus, voulait l'attaquer de loin sans s'exposer à en recevoir un troisième. Il résolut donc d'user de ruse à son tour; et, voyant venir à lui une énorme pierre, au lieu de l'éviter, il se jeta au-devant, et, tombant à la renverse comme s'il était renversé du coup, il demeura aussi immobile que s'il était mort.

Peters poussa de grands cris de douleur, le rossignol siffla tristement, et le géant accourut si vite, que Lyderic, à mesure qu'il s'approchait de lui, sentait la terre trembler sous ses pas : bientôt Lyderic sentit un genou qui se posait sur sa poitrine, tandis qu'avec un poignard on essayait de le percer au cœur. Alors, calculant, par la position du genou et de la main, la position où devait être le géant, il le frappa avec Balmung d'un coup si ferme et si juste à la fois, qu'il lui détacha la tête de dessus les épaules.

La tête roula, et en roulant elle sortit du casque, de sorte qu'à l'instant même casque, tête et tronc devinrent visibles, la tête mordant la terre de rage, et le tronc décapité se relevant tout sanglant en battant l'air de ses bras, car il fallait le temps à la mort d'aller de la tête au cœur ; mais, enfin, elle se fraya sa route glacée, et le corps tomba comme un arbre séculaire déraciné par la tempête.

Lyderic ramassa aussitôt le casque, et, après s'être assuré que Taffner était bien mort, il chercha par quel chemin avait pu lui échapper Alberic, car il lui en coûtait de quitter le pays des Niebelungen sans se venger de la trahison de leur roi. En ce moment un de ses chevaux ayant frappé du pied la terre, une trappe s'ouvrit, et Lyderic, ayant reconnu que c'était l'endroit même où avait disparu le roi, ne douta point que l'escalier qui s'offrait à lui ne conduisît à quelque chambre souterraine où sans doute Alberic se croyait bien en sûreté, et il résolut de l'y poursuivre.

Alors Peters, qui était encore tout tremblant du danger que venait de courir son maître, fit tout ce qu'il put pour l'en empêcher; mais il n'était pas facile de faire revenir Lyderic sur une résolution prise; de sorte que tout ce que le pauvre écuyer put obtenir de lui, c'est qu'il mettrait le casque qui rend invisible. Le comte de Flandre, enchanté d'essayer à l'instant même le pouvoir du casque magique, remercia son écuyer de lui avoir donné cette idée, l'autorisant à venir le rejoindre si dans une heure il n'était pas de retour. Aussitôt il mit le casque sur son front; et, étant devenu à l'instant même invisible aux yeux de Peters, il descendit par l'escalier souterrain.

Aux premiers pas qu'il fit, Lyderic vit bien qu'il ne s'était point trompé et qu'il devait être dans un des palais du roi Alberic : en effet, les murs étaient resplendissants de pierreries et le chemin tout sablé de poudre d'or. Après avoir traversé quelques appartements déserts, mais parfaitement éclairés par des lampes d'albâtre où brûlait une huile parfumée, il entra dans un jardin tout plein de fleurs qui lui sembla éclairé par le soleil lui-même ; mais, en levant la tête, il s'aperçut que ce qu'il prenait pour le ciel était le fond d'un lac, mais si clair et si limpide, qu'on le voyait à travers : cependant il s'étonnait, si transparent que fût ce lac, que les rayons du soleil, en le traversant, eussent assez de force pour faire éclore les fleurs, lorsque en y regardant de plus près il s'aperçut que ces fleurs n'étaient point des fleurs véritables, mais bien des plantes artificielles si artistement travaillées, qu'il s'y était laissé prendre. Au reste, elles n'en étaient que plus précieuses, car les tiges étaient de corail, les feuilles d'émeraudes ; et, selon qu'on avait voulu imiter des œillets, des tubéreuses ou des violettes, les fleurs étaient en rubis, en topazes et en saphirs.

Au milieu de ce jardin étrange s'élevait un kiosque si élégant, que Lyderic jugea que, s'il devait trouver le roi quelque part, c'était sans doute là. Il s'avança donc doucement, et, protégé par son casque, il arriva sur le seuil sans avoir été vu. Le comte de Flandre ne s'était pas trompé : le roi Alberic était couché dans un hamac entre deux de ses femmes, dont l'une le balançait, tandis que l'autre lui faisait de l'air avec une queue de paon; près de lui, sur un sofa, était déposé le fouet d'or.

La conversation était des plus intéressantes : Alberic était en train de raconter à ses deux femmes ses aventures de la journée. Il leur disait l'arrivée de l'étranger dans le pays des Niebelungen ; comment lui, Alberic, l'avait trompé en lui faisant accroire qu'il allait lui donner le casque qui rend invisible, et comment, au lieu de tenir sa promesse, il s'était enfoncé dans la terre en appelant à son aide le géant Taffner, qui, à cette heure, l'avait sans doute assommé.

Lyderic n'eut pas la patience d'écouter plus longtemps, et, empoignant le roi par la barbe et le tirant de son hamac :

— Misérable nain, lui dit-il, tu vas payer d'un coup toutes tes trahisons.

Alors, lui ayant lié les mains derrière le dos, il détacha le lustre qui pendait au milieu du kiosque, et, ayant fait un nœud à la barbe du roi, il le suspendit au crochet d'or.

— Et maintenant, lui dit-il, reste là jusqu'à

ce que ta barbe soit assez allongée pour que tes pieds touchent la terre.

Le petit nain se tordait comme un brochet pris à l'hameçon, criant merci et jurant à cette fois qu'il ferait hommage à Lyderic et le reconnaîtrait pour son suzerain, si celui-ci voulait le détacher; mais Lyderic le laissa crier et se tordre, mit les deux femmes du roi, dont il comptait faire cadeau à la princesse Chrimhilde, l'une dans sa poche droite et l'autre dans sa poche gauche, prit le fouet d'or avec lequel on ouvrait le trésor des Niebelungen, ôta son casque un instant pour que le roi ne doutât point que c'était à lui qu'il avait affaire, cueillit, en traversant le jardin, la plus belle rose qu'il put trouver, remonta l'escalier, et, ayant rencontré Peters qui venait au-devant de lui, il se mit en route pour le pays des Highlands, suivi de son écuyer, de ses deux chevaux, et précédé du rossignol, qui ne faisait que chanter, tant il paraissait joyeux que les choses eussent si bien tourné.

VII

Lyderic marcha ainsi huit jours, précédé de son rossignol, suivi de Peters et causant avec les deux femmes du roi Alberic, qui aimaient bien mieux le ciel du Seigneur avec son soleil le jour et ses étoiles la nuit, et la terre du Seigneur avec ses plantes parfumées, que leur ciel de cristal, qui était toujours terne et froid, et leurs fleurs de diamants, dont la plus belle et la plus riche n'avait pas l'odeur de la plus pauvre violette se cachant sous l'herbe. Aussi, chaque jour et chaque soir, quand le soleil se levait à l'orient et se couchait à l'occident, elles remerciaient Lyderic de les avoir arrachées à leur prison, d'où la jalousie de leur maître ne leur avait jamais permis de sortir, et où elles passaient leur temps, l'une à dormir dans son hamac, et l'autre à éventer avec une queue de paon cet horrible nain qui leur était odieux.

Au bout de huit jours, ils parvinrent au bord de la mer; ils la traversèrent en trois autres jours, et, vers le matin du quatrième, ils arrivèrent dans la capitale des Highlands, où il y avait de grandes fêtes en ce moment pour l'anniversaire de la naissance du roi.

Ces fêtes se composaient d'un tournoi entre les chevaliers, d'un tir à l'oiseau entre les archers, et d'une course entre les jeunes filles. Elles devaient être terminées par un combat entre des animaux féroces, que venait d'envoyer au roi des Highlands l'empereur de Constantinople, en échange de quatre faucons de Norwége, dont Gunther lui avait fait don.

Non-seulement Chrimhilde devait présider au tournoi et assister au tir de l'oiseau, mais elle devait encore prendre part à la course; car c'était un usage, dans la capitale du pays des Highlands, que toute jeune fille, sans en excepter les princesses, concourût, arrivée à l'âge de dix-huit ans, au prix de la rose : ce prix était appelé ainsi, parce qu'un simple rosier était le but et le prix de la course; mais aussi une splendide promesse était faite à celle qui, arrivée la première, cueillait la rose unique que portait le rosier : elle devait épouser, dans l'année, le plus vaillant chevalier de la terre.

Lyderic avait donc trois occasions pour une de voir la princesse des Highlands, puisque les fêtes devaient commencer le lendemain; mais il n'eut point la patience d'attendre jusque-là, et, ayant mis le casque qui rend invisible, il s'achemina vers le palais. Il traversa d'abord trois magnifiques appartements : le premier plein de valets, le second plein de courtisans, et le troisième plein de ministres ; mais il ne s'arrêta ni dans le salon des valets, ni dans le salon des courtisans, ni dans le salon des ministres. Puis il passa dans la salle du trône, où le roi était assis sous un dais de pourpre brodé d'or, ayant la couronne en tête et le sceptre à la main ; mais il ne s'arrêta point encore dans la salle du trône. Enfin, il parvint dans un petit cabinet, tout de gazon et de fleurs, au milieu duquel était un bassin plein d'eau jaillissante et limpide ; et, sur ce gazon, au bord de cette eau, il vit une jeune fille couchée et effeuillant distraitement une marguerite sans lui rien demander, car elle n'aimait point encore, et ignorait qu'elle fût déjà aimée. Cette jeune fille était la princesse Chrimhilde.

Elle était plus belle que Lyderic n'avait pu se l'imaginer, même dans ses rêves les plus insensés ; aussi résolut-il plus que jamais de l'obtenir pour femme à quelque prix que ce fût, dût-il, comme Jacob, se faire dix ans berger.

En attendant, Lyderic serait resté à regarder

Chrimhilde ainsi jusqu'au soir, si Gunther n'avait envoyé chercher la princesse. La jeune fille se leva avec la douce obéissance d'une colombe et se rendit aux ordres de son frère. Lyderic la suivit, toujours sans être vu : il s'agissait des préparatifs du tournoi du lendemain, où elle devait couronner le vainqueur.

Dès que Lyderic sut que la couronne devait être donnée par Chrimhilde, il résolut de la gagner; et, comme il n'avait pas de temps à perdre de son côté s'il voulait être prêt le lendemain, il retourna à son auberge.

Comme il avait oublié d'ôter son casque, il entra sans être vu, et il trouva les deux femmes du roi Alberic, qui, voulant faire un cadeau à leur libérateur, avaient ramassé tout le long de la route des fils de la sainte Vierge; si bien que l'une les filait plus fin que les cheveux d'un enfant, tandis que l'autre en tissait une étoffe plus blanche que la neige et plus douce que la soie, plus fine que la toile d'araignée. Les pauvres petites travailleuses se dépêchaient de toute leur âme, car elles voulaient avoir fini pour le lendemain, cette étoffe étant destinée à faire la tunique avec laquelle le chevalier devait paraître au tournoi.

Lyderic devina leur intention, et se retira

chez lui sans leur faire connaître qu'elles étaient découvertes : et les deux petites ouvrières travaillèrent si bien, que, le lendemain au matin, il trouva sa tunique prête. De plus, elle était si magnifiquement brodée de perles, de saphirs, d'escarboucles et de diamants, qu'il n'aurait jamais cru qu'il fût possible qu'avec des pierres on imitât si exactement des fleurs, s'il n'avait vu le parterre souterrain et artificiel du roi Alberic.

Aussi, à peine Lyderic eut-il paru dans la lice, que tous les regards, même ceux de la belle Chrimhilde, se fixèrent sur lui, et que chacun fit des vœux pour que le beau jeune homme à la tunique blanche fût victorieux. Ces vœux furent exaucés; Lyderic désarçonna tous ses adversaires, et le chevalier à la tunique blanche fut proclamé vainqueur du tournoi, couronné par Chrimhilde elle-même et invité au dîner de la cour et au bal qui en devait être la suite.

Le lendemain, Lyderic s'habilla en archer, et, du premier coup, abattit l'oiseau; car on se rappelle que nous avons dit que, pendant ses exercices dans la forêt où il avait été élevé, il était devenu un des plus habiles tireurs d'arc qui fussent au monde. Alors il ramassa le perroquet encore tout percé de sa flèche; et, lui ayant mis un gros diamant dans le bec et deux magnifiques à la place des yeux, il appela Peters, et lui ordonna de le porter au roi, comme un don qu'il désirait lui faire en remercîment de la manière courtoise dont il avait été reçu par lui.

Le lendemain devait avoir lieu la course à la rose : toutes les jeunes filles étaient réunies dans une lice dont deux cordonnets de soie formaient les limites, et, au bout de cette lice, longue de cinq cents pas à peu près, était le rosier à la rose unique.

Chrimhilde était au milieu d'elles, la plus belle, la plus svelte et la plus élancée; et son visage, tout resplendissant du désir de gagner le prix et de devenir la femme du plus brave chevalier de la terre, lui donnait un éclat qui la rendait plus belle encore que la première fois que Lyderic l'avait vue.

Lyderic résolut alors de lui faire gagner le prix : il rentra à son auberge, mit sur sa tête le casque qui rend invisible, emplit ses poches de pierreries, descendit dans la lice, et se plaça auprès d'elle.

Le roi donna le signal de la course, et toutes les jeunes filles partirent, rapides comme des gazelles.

Cependant, si légère que fût Chrimhilde, cinq ou six de ses compagnes la suivaient de si près, qu'on pouvait hésiter à dire laquelle arriverait la première au rosier.

Mais alors Lyderic, qui courait derrière elle, prit de chaque main une poignée de pierreries, qu'il sema dans la lice.

Alors les jeunes filles, voyant briller à leurs pieds des perles, des rubis, des escarboucles et des diamants, ne purent résister au désir de les ramasser ; pendant ce temps, Chrimhilde gagna du chemin, et, comme plus ses compagnes avançaient dans la lice, plus la lice était semée de pierreries précieuses, Chrimhilde, pour qui l'espoir d'épouser le plus vaillant chevalier de la terre était plus précieux que tous les diamants du monde, arriva la première au but et cueillit la rose.

Le lendemain était consacré aux combats d'animaux féroces : ils étaient dans un grand cirque creusé en terre, et, tout à l'entour, on avait bâti des estrades.

Sur l'une d'elles, isolée et magnifiquement enrichie, étaient le roi Gunther, et sa sœur Chrimhilde, qui, radieuse du triomphe qu'elle avait remporté la veille, tenait à la main la rose qui en avait été le prix.

Déjà plusieurs couples d'animaux avaient combattu l'un contre l'autre, lorsqu'on amena un lion de l'Atlas et un tigre de Lahore ; c'étaient à la fois les deux plus magnifiques et les deux plus terribles animaux que l'on pût voir en face l'un de l'autre.

Ils étaient au moment le plus acharné de leur lutte, lorsque la princesse Chrimhilde poussa un cri : elle venait de laisser tomber entre eux la rose qu'elle tenait à la main.

Ce cri fut suivi d'un second que poussèrent d'une seule voix tous les spectateurs : Lyderic était sauté dans la lice pour aller chercher la rose !

Aussitôt, d'un mouvement unanime, le lion et le tigre cessèrent leur combat et se retournèrent vers Lyderic, rugissant et se battant les flancs avec leur queue.

Mais lui tira le fouet d'or de sa ceinture et leur en appliqua de si rudes coups, qu'ils s'enfuirent en hurlant comme des chiens.

Alors Lyderic s'avança librement vers la fleur et la ramassa ; mais, au lieu de rendre à la princesse Chrimhilde la rose qu'elle avait laissée tomber, il lui donna celle qu'il avait cueillie dans les jardins souterrains d'Alberic : Chrimhilde était si troublée, que, sans s'apercevoir de la substitution, elle prit la rose que lui tendait le jeune homme, et se tournant vers le roi :

— Ah ! mon frère, dit-elle entraînée sans doute par le désir qu'elle en avait, je crois bien que le seigneur Lyderic est le plus brave chevalier de la terre.

Le lendemain, Lyderic envoya au roi Gunther les quatre paniers pleins de perles, de rubis, d'escarboucles et de diamants, en lui faisant demander en échange la main de sa sœur.

Mais le roi Gunther répondit que la main de sa sœur ne serait qu'à celui qui l'aiderait à conquérir le château de Ségard, qui était tout entouré de flammes, et dans lequel la belle Brunehilde, reine d'Islande, était endormie depuis cinquante ans.

Lyderic répondit qu'il était prêt à conquérir le château de Ségard, à réveiller la reine d'Islande et à la ramener dans le pays des Highlands.

Mais Gunther ne voulut point permettre que Lyderic accomplît seul une entreprise qui ne le regardait point : de sorte qu'il fut convenu que les deux jeunes gens iraient ensemble à la conquête du château de Ségard, et que, s'ils réussissaient dans cette entreprise, à son retour dans la capitale des Highlands, Lyderic épouserait Chrimhilde.

VIII

Au bout de huit jours, le vaisseau qui devait transporter Gunther et Lyderic en Islande étant prêt, ils partirent, accompagnés de cent des meilleurs chevaliers du pays des Highlands. En partant, Lyderic donna à Chrimhilde les deux femmes du roi Alberic, dont elle fit à l'instant même ses dames d'honneur, afin de pouvoir causer tout à son aise avec elles de celui qui, pour la posséder, allait tenter une entreprise sj périlleuse.

Vers le soir du troisième jour de la navigation, on aperçut une grande lueur à l'horizon, et, les deux jeunes gens ayant interrogé le pilote, celui-ci répondit que ce devait être l'embrasement du château de Ségard.

En effet, à mesure que la nuit s'avança, l'incendie devint plus visible ; on distinguait les hautes murailles crénelées qui brûlaient sans se consumer, car elles étaient en pierres d'amiante ; puis, dans ces murailles, des portes au nombre de dix, dont chacune était gardée par un dragon.

Au point du jour, le vaisseau, toujours guidé par l'embrasement comme par un immense phare, aborda dans un beau port que dominait le château. Gunther voulait aussitôt s'élancer à terre et essayer de passer à travers les flammes ; mais Lyderic le retint, lui disant qu'il avait, lui, tous les moyens de mener l'entreprise à bien ; qu'il le laissât donc faire, et qu'il lui en rendrait bon compte.

Le roi resta donc sur le vaisseau avec ses cent cavaliers, et Lyderic, ayant mis Balmung à son côté, passé son fouet d'or à sa ceinture et posé sur sa tête le casque qui rend invisible, sauta sur le rivage, et, sans se donner la peine de choisir une porte plutôt qu'une autre, s'avança vers celle qui était la plus proche de la mer.

Elle était gardée par une hydre monstrueuse, qui avait six têtes, dont trois veillaient sans cesse, tandis que les trois autres dormaient.

Lyderic s'avança résolûment vers elle ; et, quoiqu'il fût invisible, l'hydre entendit le bruit de ses pas ; aussitôt les trois têtes qui veillaient réveillèrent les trois têtes endormies, et toutes les six se dressèrent en jetant des flammes du côté d'où venait le bruit.

Ces flammes étaient si vives et si ardentes, que leur chaleur, jointe à celle des murailles, ne permettait pas à Lyderic d'approcher de l'hydre à la longueur de Balmung ; force lui fut donc de remettre son épée au fourreau et de se contenter de son fouet d'or ; mais il s'en escrima si heureusement, qu'au bout de quelques secondes l'hydre tourna le dos et se mit à fuir.

Lyderic la poursuivit et entra avec elle dans la ville ; là, l'ayant forcée d'entrer dans un cul-de-sac, il la fouetta si bien, qu'elle cessa de jeter des flammes pour jeter du sang.

Lyderic profita de ce changement, repassa son fouet à sa ceinture, tira Balmung, coupa l'une après l'autre les six têtes du monstre, et continua son chemin.

Il n'y avait point à se perdre : toutes les rues étaient tirées au cordeau et toutes correspondaient au palais de la princesse, qui était situé au centre de la ville.

Lyderic s'avança vers ce palais au milieu

d'un silence étrange : tout le long de la route, il trouvait des commissionnaires endormis sur leurs crochets ; des facteurs le bras étendu vers la sonnette de la maison où ils portaient des lettres ; des cochers assis sur le siége de leur voiture, le fouet à la main ; des chasseurs derrière ; des marchands et des marchandes assis sur le pas de la porte ; une procession qui allait à l'église ; et tout cela dormait profondément et silencieusement, à l'exception du joueur de serpent, qui ronflait de telle façon, que l'on aurait pu croire qu'il continuait à jouer de son instrument.

Le comte de Flandre continua son chemin et entra dans le palais.

Le même silence qu'au dehors y régnait.

Le gardien du donjon dormait en tenant sa trompe à la main ; les chiens étaient couchés près de la porte ; les oiseaux se tenaient perchés sur les arbres ; les mouches étaient immobiles sur les murs.

A mesure que Lyderic pénétrait dans les appartements, il lui était facile de voir que le sommeil avait surpris les habitants du château au milieu d'une fête : les antichambres étaient pleines de laquais qui étaient debout, portant des plateaux servis et rapportant des plateaux vides.

Enfin il entra dans la salle de bal, et il trouva tous les conviés achevant une contredanse, les uns ayant le bras et les autres la jambe en l'air ; rien, d'ailleurs, n'était changé à la figure ; les musiciens avaient l'archet sur les cordes de leur violon et la bouche au bec de leur clarinette.

Sur une espèce de trône était couché un beau chevalier portant une armure étincelante de pierreries et le front couvert d'un casque d'or.

Comme il semblait le roi de la fête, Lyderic alla droit à lui et détacha son casque ; mais alors de magnifiques cheveux blonds se répandirent sur ses épaules, et un délicieux visage de femme lui apparut, encadré par eux comme dans une auréole d'or.

Lyderic approcha sa joue de la sienne pour sentir si elle respirait encore ; un souffle doux et parfumé lui prouva que la vie n'avait point cessé d'animer ce beau corps.

Alors Lyderic, ayant la bouche si près de cette bouche de corail, ne put résister au désir d'y déposer un baiser ; mais, si doucement que ses lèvres eussent touché les lèvres de la belle guerrière, celle-ci tressaillit et ouvrit les yeux.

En même temps qu'elle, tout se réveilla : les

musiciens reprirent leur ritournelle, les danseurs achevèrent leur gigue, et les laquais entrèrent avec leurs rafraîchissements.

— Sois le bienvenu, jeune homme, dit Brunehilde à Lyderic ; car les prophètes ont dit que je ne serais réveillée que par celui à qui appartiendraient un jour cette ceinture et cet anneau.

— Hélas ! belle princesse, répondit en souriant Lyderic, tant de bonheur ne m'est point réservé. Je ne suis qu'un ambassadeur, et je viens vous demander votre main pour Gunther, roi des Highlands, dont je vais épouser la sœur.

— Ah ! ah ! dit Brunehilde en donnant à l'instant même à son visage l'expression du plus profond dédain ; vous entendez, messieurs et mesdames, celui qui nous envoie demander notre main n'a pas jugé que nous fussions digne des périls auxquels il fallait s'exposer pour parvenir jusqu'à nous, et il nous a envoyé un ambassadeur plus brave que lui.

— Je vous demande pardon, adorable princesse, reprit Lyderic. Je ne suis pas plus brave que Gunther ; mais la condition que j'avais mise en l'accompagnant était qu'il me laisserait tenter l'aventure. Arrivé dans le port, je l'ai sommé de tenir sa parole, et il a bien fallu qu'il la tînt, car vous savez que c'est le premier devoir de tout brave chevalier que d'être fidèle à ses engagements.

— C'est bien, c'est bien, dit Brunehilde presque sans écouter Lyderic. Et celui qui vous envoie sait quelles épreuves doit subir celui qui veut être mon époux ?

— Oui, noble princesse, répondit Lyderic ; et, comme ces épreuves sont les plus dangereuses, celles-là, Gunther se les est réservées.

— Retournez donc vers lui, dit alors Brunehilde, et dites-lui qu'il se tienne prêt à accomplir les épreuves que je lui imposerai demain matin ; mais sachez en même temps que, s'il succombe, vous et lui périrez tous les deux.

Lyderic voulut ajouter quelques mots de galanterie pour prendre congé ; mais Brunehilde ne lui en donna pas le temps, et, lui tournant dédaigneusement le dos, elle passa dans la chambre voisine.

Lyderic retourna vers Gunther.

Il trouva le roi qui l'attendait avec impatience, et il lui raconta comment tout s'était passé, et comment lui, Gunther, devait subir, le lendemain, les épreuves dont il fallait sortir vainqueur pour devenir le mari de Brunehilde et roi d'Islande.

Puis il ajouta la menace qu'avait faite Brunehilde de les envoyer à la mort tous les deux si Gunther n'était pas vainqueur.

Gunther demanda alors à Lyderic s'il ne voulait pas lui laisser achever les épreuves seul et s'en retourner dans l'île des Highlands, lui promettant que, de quelque manière que tournassent les choses, sa sœur Chrimhilde n'en serait pas moins sa femme ; mais Lyderic, pensant que Gunther aurait besoin de lui pendant les épreuves, refusa, en lui disant que telles n'étaient point leurs conventions, et qu'il désirait jusqu'au bout partager sa fortune.

Gunther, qui, de son côté, était bien aise d'avoir Lyderic près de lui, n'insista pas davantage, et les deux amis attendirent avec impatience le lendemain.

Le moment du départ du vaisseau était fixé à six heures du matin, et Gunther était prêt à l'heure dite, lorsque en regardant autour de lui il chercha vainement Lyderic.

Il commençait déjà à être fort inquiet de son absence et à craindre quelque trahison lorsqu'il entendit à son oreille une voix qui lui disait :

— Ne crains rien, Gunther, je suis près de toi et ne te quitterai pas ; et peut-être te serai-je plus utile ainsi que si j'étais visible à tous les yeux.

A ces mots, il reconnut la voix de Lyderic, et il fut tranquillisé.

Alors il se mit en route avec ses cent chevaliers et s'avança vers la ville.

Mais bientôt il en vit sortir Brunehilde, à la tête de cinq cents soldats, qui enveloppèrent Gunther et ses cent chevaliers, de manière que, si le roi échouait dans les épreuves, ni lui ni aucun des hommes de sa suite ne pussent échapper.

Gunther commença à s'inquiéter, et demanda à voix basse :

— Lyderic, es-tu là?

— Oui, répondit Lyderic.

Et Gunther se tranquillisa.

Arrivé devant la belle guerrière, le roi mit pied à terre, et se présenta à elle comme celui qui sollicitait l'honneur de devenir son époux.

Alors Brunehilde sourit dédaigneusement en regardant Gunther, et lui dit :

— Il est une loi du ciel et de la terre pour que tout mariage soit heureux, c'est que la femme doit obéissance à son mari : or, pour que la femme obéisse, il faut qu'elle rencontre un homme supérieur à elle; et j'ai juré de n'épouser, moi, que celui qui sera plus adroit, plus fort et plus léger que moi ; car à celui-là seulement je consentirai à obéir. Roi Gunther, es-tu prêt à tenter les trois épreuves qu'il me conviendra de t'imposer ?

— Je suis prêt, dit Gunther.

— Alors, si cela est votre bon plaisir, monseigneur, comme vous êtes tout armé et moi aussi, nous commencerons par la joute... Apportez les lances.

Aussitôt huit écuyers apportèrent deux lances, si lourdes, qu'il fallait être quatre hommes pour porter chacune d'elles.

Gunther les regarda avec inquiétude, car elles étaient aussi grosses que le mât de son vaisseau, et il ne croyait même pas qu'il pût les soulever.

Lyderic vit son inquiétude et lui dit :

— Ne crains rien, et fais-moi place sur le devant de la selle : c'est toi qui feras le geste, et c'est moi qui porterai et qui recevrai le coup.

Ces paroles rassurèrent Gunther, de sorte qu'il accepta sans hésiter, ce qui parut fort étonner Brunehilde, qui prit une des deux lances, qu'elle souleva avec une facilité extraordinaire, et, mettant son cheval au galop, elle alla se placer à l'endroit d'où elle devait courir.

Quant à Gunther, il souleva la sienne avec la même aisance que si c'était un fétu de paille, ce qui excita un long murmure d'admiration parmi les assistants, et il alla se placer à cent pas, en face de Brunehilde.

Les juges donnèrent le signal; les chevaux partirent au galop, et les deux adversaires se rencontrèrent au milieu du chemin, et, au grand étonnement de tout le monde, la lance de Gunther se brisa en morceaux sur le bouclier d'or de Brunehilde, mais en la frappant d'un tel choc, que la belle guerrière fut renversée jusque sur la croupe de son cheval; de sorte que son casque tomba et laissa voir son visage tout enflammé de colère et de honte; quant à Gunther, comme le choc avait atteint Lyderic, il était resté ferme et inébranlable sur ses arçons.

— Je suis vaincue, dit la reine en jetant sa lance; passons à la seconde épreuve.

Et elle descendit de cheval.

— Tu ne t'en vas pas? dit Gunther à Lyderic.

— Non, sois tranquille, répondit Lyderic.

— Bien, dit Gunther.

Et alors il reçut d'un visage modeste et souriant les compliments de ses cent chevaliers, qui lui dirent que jamais ils ne lui avaient vu déployer une pareille force; et, pour la première fois, le roi Gunther reconnut en lui-même que ses courtisans lui disaient la vérité.

Pendant ce temps, douze hommes apportaient une énorme pierre dont l'aspect seul fit frissonner Gunther.

— Vois-tu ce qu'ils font? demanda tout bas Gunther à Lyderic.

— Oui, dit Lyderic; mais ne t'inquiète pas.

— Roi Gunther, dit Brunehilde, tu vois bien cette pierre? Je vais la jeter jusqu'à cette petite montagne qui est à cinquante pas de nous, à peu près; si tu la jettes plus loin, je me reconnaîtrai vaincue, comme lorsque tu as brisé ma lance.

— Cinquante pas! murmura tout bas Gunther. Peste!

— Ne crains rien, dit Lyderic, je mettrai ma main dans la tienne : tu feras le mouvement, et c'est moi qui la lancerai.

Alors Brunehilde prit la pierre d'une seule main, la fit tourner deux ou trois fois au-dessus de sa tête comme un berger fait d'une fronde, et la lança avec tant de force, qu'au lieu de s'arrêter au bas de la montagne, comme elle l'avait dit, la pierre monta en roulant jusqu'à la moitié, puis, entraînée par son poids, retomba jusqu'au but qui lui avait été marqué.

Les chevaliers de Gunther tremblèrent; ceux de Brunehilde applaudirent.

Les douze hommes allèrent chercher la pierre, qu'ils rapportèrent à grand'peine à l'endroit d'où l'avait lancée Brunehilde.

Alors Gunther la prit, et, sans effort apparent, sans avoir besoin de la faire tourner autour de sa tête, comme un joueur de boule lance sa boule, il lança la pierre, qui alla tomber du premier coup plus loin qu'elle n'avait été même en roulant, et qui, continuant de rouler à son tour, franchit la montagne jusqu'à son sommet, et, comme l'autre versant descendait vers la mer, elle eut encore assez d'impulsion pour franchir la cime, et, suivant la pente opposée, s'en aller en bondissant s'engloutir dans la mer.

Cette fois-ci, ce ne furent plus des applaudissements, mais des cris d'admiration qui accueillirent cette preuve de la force de Gunther.

Chacun, voulant voir où s'était arrêtée la pierre, courut à la montagne, et vit au milieu de la mer, toute bouillonnante encore, s'élever la pointe d'un écueil nouveau et inconnu.

Brunehilde était pâle de colère; elle rappela tout son peuple.

— Or çà, dit-elle, venez ici, car tout n'est point fini encore, et il nous reste une dernière épreuve. Roi Gunther, ajouta-t-elle en se retournant, tu vois ce précipice?

— Oui, dit Gunther.

— Comme tu le vois, il a vingt-cinq pieds de large ; quant à sa profondeur, elle est inconnue, et une pierre comme celle que nous venons de lancer mettrait plusieurs minutes à en trouver le fond. Un jour que je poursuivais un élan à la chasse, l'élan le franchit et crut être en sûreté; mais je le franchis derrière lui, je le joignis et je le tuai. Es-tu prêt à me poursuivre comme je poursuivais l'élan et à le franchir derrière moi ?

— Hum ! fit Gunther.

— Accepte, dit Lyderic.

— Je suis prêt, répondit Gunther ; mais n'ôtons-nous pas notre armure ?

— Permis à toi d'ôter ton armure, roi Gunther, dit dédaigneusement Brunehilde ; mais, moi, je garderai la mienne.

— Garde ton armure, dit tout bas Lyderic.

— Je ferai comme vous ferez, répondit Gunther.

Alors la belle guerrière s'élança légère comme une biche, et, sans crainte, sans hésitation, elle franchit le précipice ; mais cela si justement, que le bout de son pied à peine toucha de l'autre côté, et que tous les assistants jetèrent un cri, croyant qu'elle allait retomber en arrière dans le précipice.

— A ton tour, roi Gunther, dit alors en se retournant Brunehilde.

— Comment allons-nous faire? dit Gunther à Lyderic.

— Je te prendrai par le poignet, répondit Lyderic, et je t'enlèverai avec moi.

— Ne va pas me lâcher! dit Gunther.

— Sois tranquille, répondit Lyderic.

Pour toute réponse, Gunther se mit à courir avec une telle rapidité, qu'à peine pouvait-on le suivre des yeux ; puis, arrivé au bord, il s'enleva comme s'il eût eu les ailes d'un aigle, et retomba de l'autre côté à plus de dix pieds plus loin que n'avait fait Brunehilde.

— Roi Gunther, dit Brunehilde, tu m'as vaincue dans les trois épreuves que je t'avais imposées ; je n'ai donc plus rien à dire. Tu m'as conquise, je suis ta femme.

— Et toi, dit tout bas Gunther à Lyderic, tu es le mari de ma sœur.

Et, tandis que Gunther baisait la main de Brunehilde, Lyderic serrait la main de Gunther.

Gunther et Brunehilde s'avancèrent alors vers les assistants en se tenant par la main, et Brunehilde leur présenta Gunther comme son époux.

Cette nouvelle excita, tant parmi les chevaliers de l'Islande que parmi ceux de l'Écosse, de grands transports de joie ; car, selon eux, avec un tel roi et avec une telle reine, ils n'avaient rien à craindre d'aucun peuple étranger.

Lyderic ôta son casque, et, étant redevenu visible, il salua Gunther et Brunehilde comme s'il arrivait seulement à cette heure du vaisseau. Mais à peine Brunehilde daigna-t-elle le regarder ; quant à Gunther, quelque envie qu'il eût de l'embrasser, il se contenta de lui serrer la main.

Il fut convenu que les deux noces se feraient ensemble dans la capitale des Highlands ; seulement, on resta quinze jours encore à Ségard, pour que Brunehilde réglât avant son départ toutes les affaires de son royaume.

Puis, ces quinze jours écoulés, on partit, et un vent favorable conduisit le vaisseau dans la capitale des Highlands.

La princesse Chrimhilde fut bien heureuse de revoir Lyderic, et d'apprendre de la bouche même de son frère qu'il lui avait rendu de tels services, qu'il lui avait accordé sa main ; elle reçut aussi la reine Brunehilde comme une sœur à laquelle elle était disposée d'avance à accorder toute son amitié : quant à celle-ci, son accueil fut, selon son habitude, froid et fier, car elle méprisait beaucoup les jeunes filles qui, comme Chrimhilde, ne s'étaient jamais occupées que de toilette et de broderie.

Quant aux deux petites dames d'honneur, elles furent fort contentes aussi de revoir leur libérateur, car elles se trouvaient bien heureuses près de la princesse Chrimhilde, qui avait pour elles toutes sortes de bontés, et à qui, en échange, elles montraient à faire des broderies miraculeuses de finesse et d'éclat.

Les deux noces se firent en grande pompe, et il y eut, pendant les trois jours qui les précédèrent, force joutes et tournois. Mais, le jour même du mariage, Lyderic reçut des lettres de sa mère qui le rappelaient dans ses États : la bonne vieille princesse se mourait d'envie de revoir son fils, et le suppliait de revenir auprès d'elle avec sa belle-fille, qu'elle avait grande envie de voir, lui disant que, s'il tardait seulement de huit jours à se mettre en route, il la trouverait morte d'ennui et de chagrin. Il dit donc à la princesse sa femme qu'il devait partir le plus tôt possible, et, comme celle-ci n'avait d'autre volonté que celle de son mari, elle lui offrit de se mettre en route dès le lendemain : seulement, Chrimhilde demanda à Lyderic la permission de faire cadeau à sa belle-sœur de la moitié de ses perles, de ses rubis, de ses escarboucles et de ses diamants, ce à quoi Lyderic consentit bien volontiers ; mais Brunehilde renvoya fièrement les pierreries à sa belle-sœur, en lui faisant dire que ses bijoux, à elle, étaient sa lance, sa cuirasse, son bouclier, son casque et son épée.

Ce renvoi fut un nouveau motif à Lyderic de partir promptement ; car il vit bien que, s'il était resté plus longtemps à la cour du roi son frère, la mésintelligence n'aurait point tardé à se mettre entre les deux femmes.

Lyderic et Chrimhilde partirent donc pour le château de Buck, qu'habitait toujours la vieille princesse, et ils y arrivèrent au bout de trois jours de route.

Ermengarde fut bien joyeuse de revoir son fils, et elle fit à Chrimhilde un véritable accueil de mère.

Au reste, tout allait parfaitement dans les États du comte de Flandre ; ses peuples, étant plus heureux qu'ils n'avaient jamais été, ne demandaient rien autre chose au ciel que la conservation d'un si bon prince.

Au bout de neuf mois juste, la princesse Chrimhilde accoucha d'un beau garçon, qui reçut au baptême le nom d'Andracus.

IX

En même temps que Gunther félicitait sa sœur de son accouchement, il invita Lyderic à venir le voir avec Chrimhilde aussitôt qu'elle pourrait supporter le voyage, lui disant qu'il avait des choses de la plus haute importance à lui communiquer.

Lyderic montra la lettre à sa femme : elle avait, de son côté, grand désir de revoir son frère, de sorte que, comme, grâce à son bon naturel, elle avait oublié l'orgueilleux accueil de la reine Brunehilde, elle fut la première à l'inviter à revenir passer quelque temps à la cour du roi Gunther. Quant à la vieille princesse, elle eut bien quelque peine d'abord à donner son consentement à cette nouvelle absence, mais on lui promit de lui laisser son petit-fils, ce qui la détermina à ne plus s'opposer au départ de Lyderic et de Chrimhilde, qu'elle aimait maintenant à l'égal d'une fille.

Le comte de Flandre, au reste, s'était d'autant plus facilement déterminé à laisser son fils à la vieille princesse, que Gunther ne lui ayant pas même dit dans sa lettre que Brunehilde fût enceinte, il craignait de lui inspirer des regrets plus vifs encore en lui rappelant sans cesse, par la vue de son enfant, qu'il avait été plus heureux que lui.

Lyderic et Chrimhilde partirent donc seuls pour la capitale des Highlands.

Ils furent reçus par Gunther avec les démonstrations de la joie la plus vive ; la fière Brunehilde elle-même parut contente de les recevoir, et, en apercevant Lyderic, son visage se couvrit d'une vive rougeur, car elle ne pouvait oublier ce baiser qui l'avait réveillée et dont elle n'avait jamais parlé à son mari.

De son côté, Lyderic avait jugé inutile de raconter à Gunther cette circonstance de son ambassade ; de sorte que Gunther attribuait la rougeur de Brunehilde à la joie de revoir ses anciens amis.

Aussitôt que Lyderic et Gunther se trouvèrent seuls, ce qui ne tarda point, car tous deux en cherchaient l'occasion, Lyderic demanda à Gunther quelles étaient les choses importantes dont il avait à l'entretenir.

Alors Gunther raconta à Lyderic une histoire étrange.

La nuit de ses noces, Brunehilde avait détaché ses jarretières ; avec l'une, elle avait lié les mains de son mari, avec l'autre les pieds, et l'avait accroché à un faisceau d'armes qui était scellé dans la muraille; puis elle s'était couchée tranquillement.

Gunther alors avait voulu crier et appeler au secours; aussitôt Brunehilde s'était relevée et l'avait si cruellement battu, que le pauvre diable avait fini par promettre qu'il se tiendrait tranquille et muet toute la nuit.

Sur cette promesse, Brunehilde s'était recouchée et avait dormi tout d'une traite jusqu'au jour.

Au jour, elle s'était réveillée, et, touchée des supplications de Gunther, elle l'avait décroché.

Depuis lors, chaque nuit, la princesse en avait usé avec lui comme la première fois ; seulement, elle le battait plus cruellement encore.

Il ne restait d'autre ressource à Gunther que de se sauver, le soir, dans une pièce voisine de la chambre nuptiale, et de s'y barricader à double tour.

Telles étaient les choses importantes que Gunther avait à confier à son ami Lyderic.

Ce ne fut pas sans raison que Gunther avait compté sur son ami.

Lyderic réfléchit un instant à ce qu'il venait d'entendre ; puis, posant la main sur l'épaule de Gunther :

— Sois tranquille, lui dit-il, ce soir, quand les pages et les serviteurs se seront retirés, au lieu de sortir par la porte, ferme-la en dedans, et souffle la lampe, le reste me regarde. Je t'ai déjà soutenu dans les trois premières épreuves, je ne t'abandonnerai pas dans la dernière.

— Tu seras donc là? demanda Gunther.

— Je serai là, répondit Lyderic.

— Mais comment saurai-je que tu y es?

— Je te parlerai à l'oreille, comme j'ai fait au château de Ségard.

Gunther se jeta dans les bras de son ami, lui jurant qu'il n'oublierait jamais ce dernier service, le plus grand de tous ceux qu'il lui avait rendus.

La journée se passa en fêtes ; le roi et la reine des Highlands avaient l'air d'être au mieux ensemble; aussi tout le monde déplorait-il la stérilité de leur union, seul nuage qui pût obscurcir le ciel d'un aussi bon ménage. Brunehilde consentant à paraître la servante le jour, pourvu qu'elle fût la maîtresse pendant la nuit.

Le soir arriva sans que Brunehilde se doutât en rien du complot qui était tramé contre elle.

Quand l'heure de se retirer fut venue, Lyderic

conduisit Chrimhilde à sa chambre, et, lui disant qu'il avait à causer d'affaires d'État avec Gunther, il la laissa seule, contre son habitude.

Cet abandon momentané fit grande peine à Chrimhilde ; mais son âme, à elle, était faite de dévouement, comme celle de Brunehilde était faite d'orgueil, et, lorsque Lyderic lui eut dit que cette absence avait pour but de rendre un grand service à son frère, elle ne retint plus son mari.

En conséquence, Lyderic passa dans la chambre voisine, mit sur sa tête le casque qui rend invisible, et s'achemina vers la chambre du roi.

La porte en était ouverte.

Comme d'habitude, des pages et des serviteurs, portant chacun une torche à la main, venaient de conduire leurs souverains dans cette chambre, témoin, depuis un an, de si étranges choses.

Lyderic se glissa parmi eux, et, voyant que le roi regardait avec inquiétude, il s'approcha de lui en disant :

— Me voilà.

Dès lors le visage de Gunther reprit toute sa sérénité, et son regard cessa de s'arrêter malgré lui sur le malencontreux faisceau d'armes, auquel il devait les plus mauvaises nuits qu'il eût passées de sa vie.

A l'heure habituelle, les serviteurs et les pages se retirèrent, emportant les flambeaux et ne laissant qu'une seule lampe allumée.

Alors Brunehilde, qui, jusque-là, avait gardé l'apparence d'une femme soumise, se leva fièrement, et, avec la démarche d'une reine, s'avança vers son mari.

Mais celui-ci, ayant demandé tout bas à Lyderic s'il était là, et en ayant reçu une réponse affirmative, s'élança vers la porte, et, l'ayant fermée à la clef, mit la clef dans sa poche, au lieu de s'enfuir comme il en avait l'habitude.

Brunehilde frappa Gunther si rudement, qu'il alla tomber sur la table où était la lampe, la renversa et l'éteignit; de sorte que la chambre se trouva dans l'obscurité.

— Tu vois? dit tout bas Gunther à Lyderic.

— Oui, répondit Lyderic; et maintenant, mets-toi dans un coin et laisse-moi faire.

Alors Lyderic s'avança à la place de Gunther, et, comme Brunehilde crut que c'était toujours son mari, et que, par expérience, elle avait appris à connaître sa supériorité sur lui, elle voulut lui saisir les mains pour les lui lier comme elle avait déjà fait.

Mais, cette fois, les choses ne se passèrent pas ainsi que de coutume, et, au contraire, ce fut

Lyderic qui prit Brunehilde par les poignets et qui les lui lia avec le ceintnron; puis il attacha Brunehilde au faisceau d'armes et disparut.

En sortant, ses pieds rencontrèrent un léger obstacle près de la porte.

Il se baissa pour voir ce que c'était et ramassa quelque chose de soyeux.

Quand il fut arrivé à la lumière, il reconnut la ceinture que Brunehilde portait ordinairement, et dans laquelle, suivant son habitude, se trouvait passé un large anneau d'or à ses armoiries.

En rentrant chez lui, Lyderic trouva Chrimhilde fort inquiète.

Alors, comme il n'avait point de secret pour elle, il lui raconta ce qui venait de se passer, et lui montra l'anneau et la ceinture qu'il avait trouvés.

Chrimhilde les voulut avoir.

Lyderic s'y refusa un instant; puis, comme il vit que son refus ne faisait qu'augmenter les désirs de sa femme, il lui donna l'anneau et la ceinture en la priant de ne jamais dire d'où ils lui venaient.

Chrimhilde le lui promit, et, dans ce moment sans doute, elle avait l'intention de tenir sa promesse.

Le lendemain, du plus loin que Gunther aperçut Lyderic, il alla à lui et lui serra la main d'un air triomphant; quant à Brunehilde, elle parut, au contraire, honteuse et attristée, et comme ne pouvant se pardonner la victoire que son mari avait remportée sur elle.

Avec la faiblesse de la femme, ses petites passions étaient aussi venues à Brunehilde, et cette haine instinctive qu'elle avait ressentie pour Chrimhilde s'augmenta bientôt au point que les deux femmes ne pouvaient se rencontrer sans échanger l'une avec l'autre des paroles piquantes.

Sur ces entrefaites, des troubles éclatèrent dans le nord du pays des Highlands, et Gunther fut obligé de quitter sa capitale pour aller les apaiser.

Il prit donc congé de Lyderic et de Chrimhilde, laissant à Brunehilde le soin de remplir envers eux les devoirs de l'hospitalité.

Mais Brunehilde ne se vit pas plutôt seule, qu'elle traita Lyderic et Chrimhilde avec une hauteur à laquelle ni l'un ni l'autre n'étaient habitués.

Ce n'était rien pour Lyderic, qui croyait savoir la cause de ce mépris apparent; mais il n'en était point ainsi de Chrimhilde, qui ressentait doublement, pour elle et pour son mari, les insultes qu'on lui faisait.

Enfin, les insultes lui devinrent insupportables, et elle résolut de s'en venger.

Alors, comme vint le saint jour du dimanche, sans rien dire à son mari de ce qu'elle allait faire, elle passa à son doigt l'anneau et serra autour de sa taille la ceinture que Lyderic avait trouvés chez Brunehilde pendant la nuit où il avait lutté avec elle, et, étant partie pour l'église en même temps que Brunehilde, au moment d'y entrer, elle prit le pas sur elle. Alors Brunehilde l'arrêta.

— Depuis quand, lui dit-elle, la vassale prend-elle le pas sur la reine?

— Depuis, répondit Chrimhilde, que je porte cette ceinture et cet anneau.

A ce geste, Brunehilde jeta un cri et tomba évanouie entre les bras de ses femmes; quant à Chrimhilde, elle entra avec assurance dans l'église et s'agenouilla à la place d'honneur.

Mais elle n'y fut pas plustôt, qu'elle se rappela qu'elle avait manqué à la promesse qu'elle avait faite à son mari, et qu'elle calcula avec effroi quelles pouvaient être les suites terribles de sa désobéissance : aussi, à peine le saint sacrifice de la messe fut-il terminé, qu'elle rentra au palais et qu'ayant été trouver Lyderic, elle le supplia de partir à l'instant même, ne pouvant pas, lui dit-elle, endurer plus longtemps les humiliations que lui faisait subir sa belle-sœur.

Lyderic, qui n'était point fâché de mettre un terme à toutes ces dissensions, fixa son départ au lendemain, et se présenta chez Brunehilde pour prendre congé d'elle.

Mais Brunehilde refusa de le recevoir, et Lyderic, prenant ce refus pour une nouvelle insulte, au lieu d'attendre le lendemain, partit le soir, sans même écrire à Gunther pour lui apprendre la cause de son départ.

Quelques jours s'étaient écoulés à peine depuis que Lyderic et Chrimhilde avaient quitté la capitale des Highlands, lorsque Gunther y rentra, après avoir heureusement apaisé les troubles qui l'avaient appelé dans le nord de ses États.

Son premier soin fut de se rendre auprès de la reine; mais, au lieu de la voir toute joyeuse ainsi qu'il s'y attendait, il la retrouva en larmes, et, comme il s'avançait vers elle pour la serrer dans ses bras, elle tomba à ses genoux, en lui demandant vengeance contre Lyderic.

— Qu'a-t-il donc fait? demanda Gunther étonné.

— Sire, répondit Brunehilde, il m'a insultée

grièvement, et vous a insulté plus grièvement encore; car, s'étant procuré, je ne sais comment, la ceinture et l'anneau que vous m'avez dérobés pendant la nuit, il les a donnés à Chrimhilde, en lui disant que c'était lui qui me les avait pris : et vous savez bien le contraire, monseigneur, puisque vous avez été un an sans me les pouvoir enlever.

Gunther devint très-pâle, car il crut qu'il avait été trahi par Lyderic; et, relevant sa femme :

— C'est bien, lui répondit-il; mais n'avez-vous parlé de cela à personne?

— A personne qu'à vous, monseigneur, dit Brunehilde.

— Eh bien, continuez d'être aussi discrète, répondit Gunther, et, sur mon âme, vous serez vengée.

Et Brunehilde, la fière reine, se releva à demi consolée, à la seule idée de la vengeance que lui promettait Gunther.

Cependant, comme Gunther était brave, sa première idée fut de se venger bravement en accusant Lyderic de mensonge et en l'appelant en combat particulier; mais aussi, comme il connaissait, pour les avoir éprouvés à son profit, la force et le courage de Lyderic, il résolut de prendre, avant d'en venir à ce combat, toutes les précautions que pouvait lui offrir la prudence réunie à la loyauté.

La plus urgente de ces précautions était de se procurer une armure à l'épreuve de la lance et de l'épée; mais, ne s'en rapportant à personne du choix de cette armure, il se mit un matin en route pour aller la commander lui-même au forgeron Mimer.

Au bout de cinq ou six jours de marche, Gunther arriva donc à la forge, où il trouva Mimer, Hagen et les autres compagnons, qui continuaient de forger les plus belles et les plus fortes armes qui se pussent voir.

Gunther leur expliqua minutieusement son armure telle qu'il la voulait, et promit de la payer un tel prix, que maître Mimer et ses compagnons, voulant de leur côté faire de leur mieux, demandèrent à Gunther contre qui il voulait se servir de cette armure, afin d'en proportionner la force à celle de l'adversaire qu'ils devaient connaître, quel qu'il fût, tous les chevaliers de l'Occident se fournissant chez eux.

Gunther répondit que cet adversaire était Lyderic, premier comte de Flandre.

Alors Mimer secoua la tête; et, comme Gunther lui demandait ce que signifiait ce geste :

— Seigneur chevalier, répondit-il, vous avez là une méchante begogne : il n'y a si bonne armure qui puisse vous défendre contre l'épée Balmung, qui a été forgée sur cette enclume par Lyderic lui-même, et il n'y a si bonne épée qui puisse blesser Lyderic, car il a tué le dragon dont le sang rend invulnérable, et, comme le chevalier Achille, il n'y a qu'une place du corps où on puisse le frapper, car il s'est baigné dans le sang du dragon, et, à l'exception d'un endroit où est tombée une feuille de tilleul, il a tout le corps couvert d'une écaille qui, toute fine qu'elle est, est plus impénétrable que le plus impénétrable acier.

— Et à quel endroit cette feuille est-elle tombée ? demanda Gunther.

— Voilà ce que j'ignore, répondit le forgeron.

Alors Hagen, le premier compagnon, qui, comme on se le rappelle, avait donné à Mimer le conseil d'envoyer Lyderic à la forêt Noire, s'avança et dit à Gunther :

— Sire chevalier, avec les traîtres, il faut agir traîtreusement. Si vous voulez me donner la moitié de la somme dont vous comptiez payer l'armure, et donner l'autre moitié à maître Mimer, je me charge de vous débarrasser de Lyderic, et, quand il sera mort, vous conquerrez ses États.

— Et quel moyen comptez-vous employer pour cela?

— Cela me regarde, monseigneur; rapportez-vous-en à moi, répondit Hagen.

— Eh bien, soit, dit Gunther, faites comme vous l'entendrez; voici la moitié de la somme que je comptais mettre à l'armure; l'autre moitié vous sera payée quand vous m'aurez débarrassé de Lyderic.

C'est ainsi que fut fait le pacte entre Gunther, roi des Highlands, le forgeron Mimer et son premier compagnon Hagen.

Le même jour, Gunther repartit pour sa capitale, et Hagen, ayant pris son long bâton à la main et portant son paquet sur son dos, s'achemina vers le château de Buck.

Il y arriva le troisième jour, et demanda à parler au comte Lyderic; et Lyderic, ayant appris qu'un voyageur demandait à lui parler, ordonna que ce voyageur fût amené devant lui.

A peine l'eut-il aperçu, qu'il reconnut Hagen, le premier compagnon de maître Mimer.

Comme Lyderic avait une mémoire tout à fait oublieuse du mal, il reçut admirablement bien Hagen, et lui demanda ce qui l'amenait à sa cour.

Hagen répondit que, s'étant pris de querelle avec maître Mimer pour affaires de son état, il l'avait quitté, et que, ayant résolu d'aller offrir ses services comme armurier à quelque noble seigneur, il avait pensé avant tout à son ancien camarade de forge, et venait en toute humilité mettre ses petits moyens à sa disposition.

Or, comme Lyderic savait que Hagen était, après maître Mimer, le premier armurier qui existât, il le retint à l'instant même à son service, et lui confia la surveillance de toutes ses forges et de toutes ses armureries.

Cette importante acquisition fut vue d'un très-bon œil par tout le monde, excepté par Peters, car il connaissait le mauvais naturel de Hagen et la haine qu'il portait à son maître; mais Lyderic ne fit que rire de ses inquiétudes, et Hagen fut installé au château dans l'emploi qui avait été créé pour lui.

Quelques jours après, Lyderic reçut de Gunther une lettre qui lui annonçait que l'insurrection avait fait de tels progrès dans ses États, qu'il le suppliait de venir à son secours avec ses meilleurs chevaliers.

A l'instant même, Lyderic, oubliant la mésintelligence qui régnait entre les deux reines, ordonna que tout fût prêt le plus tôt possible, et commanda à ses cent meilleurs hommes d'armes de s'appareiller de leur mieux pour l'accompagner dans le royaume des Highlands.

Cet ordre avait répandu la joie dans le comté de Flandre, car, pour ces hommes de fer, la guerre était une fête ; il n'y eut que la vieille princesse et Chrimhilde qui, l'une par pressentiment maternel, et l'autre par connaissance du caractère de son frère, virent avec peine cette excursion.

Or, il arriva que Chrimhilde ayant exposé assez haut ses craintes pour être entendue de Hagen, celui-ci s'approcha d'elle et lui dit :

— Noble dame, je sais ce qui cause vos inquiétudes : votre époux est invulnérable par tout le corps, excepté en un seul endroit où est tombée une feuille de tilleul, et vous craignez qu'il ne soit frappé justement en cet endroit; mais, si vous voulez faire une marque à son vêtement à cet endroit, je le suivrai par derrière, et j'écarterai tous les coups qui pourraient le menacer.

Chrimhilde accueillit cette offre comme une inspiration du ciel, remercia Hagen, et promit qu'elle broderait une petite croix sur la partie de l'habit qui couvrait la partie vulnérable, afin que Hagen pût défendre cette partie.

C'était tout ce que voulait celui-ci.

Au jour fixé, Lyderic et ses cent hommes d'armes étaient prêts ; et, selon son habitude, le comte de Flandre n'avait d'autre arme que son épée : il était vêtu d'un pourpoint que lui avait fait Chrimhilde, et sur lequel, au-dessous de l'épaule gauche, était brodée une petite croix.

Au moment du départ, Peters vint supplier le comte de ne point emmener Hagen ; mais Hagen, dans une guerre, était un homme trop précieux par son habileté à fabriquer et à réparer les armes, pour que Lyderic s'en privât ; aussi ne fit-il que rire des craintes de Peters, et constitua-t-il Hagen intendant général de son armurerie.

Lyderic prit congé de sa mère et de sa femme, avec sa confiance ordinaire dans la fortune : il avait l'épée Balmung, dont il connaissait la trempe; il avait le fouet d'or du roi des Niebelungen ; enfin, il avait le casque qui rend invisible : c'était, avec son courage, des garanties plus que suffisantes pour la victoire.

X

Le comte de Flandre et ses cent hommes marchèrent trois jours, puis ils s'embarquèrent sur des vaisseaux que Lyderic avait fait préparer ; de sorte qu'au bout de huit jours de son départ du château de Buck, il abordait dans la capitale des Highlands.

Lyderic fut fort étonné ; car, au lieu de trouver les États du roi Gunther dans le trouble et la désolation, comme celui-ci lui avait écrit qu'ils étaient, il les trouva en fête de ce que la révolte était apaisée.

Au reste, le roi Gunther attendait Lyderic sur le rivage, et il lui fit l'accueil qu'avait droit d'attendre un ami si diligent à porter secours.

Lyderic trouva tout préparé pour une grande chasse que Gunther donnait en l'honneur de son beau-frère.

Cette chasse devait avoir lieu le lendemain même de son arrivée ; de sorte que Lyderic ne fit que coucher dans la capitale du roi des Highlands, et, dès le lendemain matin, partit avec Gunther pour une grande forêt, au centre de laquelle était fixé le rendez-vous.

Quant aux cent chevaliers, ils restèrent dans la capitale, et Gunther ordonna aux gens de sa cour de leur faire grande chère, comme lui-même faisait au maître.

Hagen et Peters accompagnèrent seuls Lyderic.

Comme la forêt était peu distante de la capitale, on y arriva à sept heures du matin, et l'on se mit en chasse aussitôt; les piqueurs avaient détourné un ours.

Au bout d'une heure ou deux de chasse, l'ours, fatigué, s'accula et tint aux chiens; alors les piqueurs sonnèrent leurs fanfares et les chasseurs accoururent.

Gunther allait le charger l'épée à la main, lorsque Lyderic proposa de le prendre vivant, afin d'en faire don à la princesse Brunehilde.

Alors, comme personne n'osait se charger de la capture, il se fit donner des cordes, descendit de cheval, alla droit à l'ours, qui se levait sur ses pattes de derrière.

C'était ce que demandait Lyderic : il prit l'animal à bras-le-corps, et, l'ayant terrassé, il lui lia les quatre pattes et le museau, le chargea sur son épaule; et, comme tous les chevaux regimbaient quand on voulait le leur mettre sur le dos, il continua de le porter jusqu'à l'endroit où l'on devait trouver le déjeuner.

Le déjeuner était fidèlement arrivé à son poste, et il était riche et copieux, comme il convenait à des chasseurs affamés; mais, par un oubli étrange, le vin manquait. Gunther gronda fort tous les serviteurs, qui rejetèrent la faute les uns sur les autres. Mais, comme cela ne remédiait en rien à l'affaire, le roi eut l'air de se rappeler qu'on était passé, en venant, près d'une si claire fontaine, que chacun avait voulu y boire; il ordonna alors aux serviteurs d'aller y puiser de l'eau; mais, comme Lyderic était échauffé de son combat avec l'ours, il n'eut point la patience d'attendre, et se mit à courir vers la fontaine. C'était l'occasion qu'attendait Hagen; aussi le suivit-il dans l'intention apparente de le servir au besoin.

En arrivant près de la fontaine, Lyderic posa sa lance contre un saule qui l'ombrageait, et, pour être encore plus à son aise, se débarrassa de son casque et de son épée. Alors il s'agenouilla, et, baissant la tête, il but à même la source.

Hagen profita de ce moment, prit contre le

saule la lance de Lyderic, et, guidé par la croix que Chrimhilde avait brodée elle-même sur son habit, il la lui enfonça au-dessous de l'épaule gauche de toute la longueur du fer.

Lyderic jeta un cri et se releva ; puis, quoique atteint mortellement, il saisit Balmung, et, comme un lion blessé et qui épuise sa vie dans un dernier effort de vengeance, il rejoignit Hagen en trois bonds, et, d'un seul coup de Balmung, il lui fendit la tête si profondément, que les deux parties tombèrent sur chaque épaule.

Aussitôt il se retourna et aperçut Peters, qui, redoutant quelque trahison, avait suivi Hagen, mais qui était arrivé trop tard : il voulut parler pour lui adresser quelque suprême recommandation, mais il ne put que lui faire de la main signe de s'enfuir, et il tomba mort près du cadavre de son assassin.

Peters comprit qu'il n'y avait pas de temps à perdre, car il était évident que la vengeance de Gunther ne s'arrêterait point là : il s'orienta donc en jetant un coup d'œil sur les nuages, et, guidé par la direction du vent, il prit sa course vers la mer.

Arrivé sur le rivage, comme il vit qu'on le poursuivait, il s'élança la tête la première dans les flots, et, ayant gagné à la nage une des galères flamandes qui étaient à l'ancre, il raconta ce qui venait d'arriver au capitaine, qui donna aussitôt l'ordre d'appareiller et fit voile vers le port le plus près, qui était celui de Blankenberghe.

La désolation fut grande au château de Buck lorsqu'on y apprit la fatale nouvelle.

Chrimhilde se jeta aux genoux de la vieille princesse en lui demandant pardon, car c'était elle qui doublement avait tué Lyderic, la première fois par son orgueil, la seconde fois par sa confiance.

Heureusement, Ermengarde était un cœur puissant et religieux ; et, toute brisée qu'elle était de la perte de son fils, elle songea qu'il fallait avant tout se mettre en mesure contre de nouveaux malheurs; et, ayant fait proclamer à l'instant la mort de Lyderic et la trahison de Gunther, elle appela tous les Flamands à la défense de leur jeune comte; puis elle envoya un messager au roi Dagobert, en lui faisant savoir le besoin qu'elle allait avoir de son secours.

En effet, huit jours s'étaient à peine écoulés, que Gunther débarqua avec une armée considérable dans le port de l'Écluse.

Quelle que fût l'activité qu'eût déployée la

bonne dame Ermengarde, la situation n'en était pas moins critique.

Les cent chevaliers que Lyderic avait emmenés avec lui et qui étaient les plus braves de sa principauté de Dijon et de sa comté de Flandre, avaient été faits prisonniers au moment où ils s'y attendaient le moins, sans avoir même pu se défendre ; et le messager envoyé à la cour des Francs avait répondu que le roi Dagobert venait de mourir, et que son fils Sigebert, qui avait hérité de la France orientale, étant en guerre avec Clovis, son frère, qui avait hérité de la France occidentale, il ne pouvait, malgré le grand désir qu'il en avait, distraire aucune troupe de son armée.

Les deux pauvres femmes en étaient donc réduites à leurs propres forces, et ces forces, qui étaient peu de chose, étaient encore moralement fort diminuées par l'absence d'un chef qui pût donner de l'unité à la défense.

Cependant Gunther et son armée avançaient toujours : le prétexte qu'il donnait à son agression était que, le jeune comte Andracus étant mineur, il venait, comme son oncle, réclamer la régence de sa comté.

Mais, comme tout le monde savait qu'il était l'assassin du père, personne ne se laissait prendre à son apparente amitié pour le fils. Ermengarde et Chrimhilde avaient rassemblé autour d'elles, et pour la défense du château de Buck, tout ce qu'elles avaient pu réunir d'hommes d'armes et de serviteurs ; et, sans autre espoir qu'en Dieu, elles priaient agenouillées de chaque côté du berceau du jeune comte, lorsqu'on vint leur annoncer qu'un chevalier sans couronne à son casque et sans armoiries à son bouclier, et qui cependant paraissait familier avec les armes, demandait à être introduit devant elles.

Dans une circonstance semblable, aucun secours n'était à dédaigner : Chrimhilde et Ermengarde donnèrent l'ordre que le chevalier fût introduit devant elles.

L'inconnu était un homme d'une haute et puissante stature, et qui paraissait, comme l'avait dit son introducteur, familier avec les armes.

La visière de son casque était baissée; mais une barbe blanche qui passait par l'ouverture inférieure indiquait que, si celui qui se présentait avait perdu quelque chose du côté de la force, il avait dû gagner du côté de l'expérience.

Il s'inclina devant les deux femmes, et, abordant sans détour le sujet qui l'amenait, il leur dit qu'ayant appris la situation déplorable où elles se trouvaient, il était venu leur offrir son secours, espérant qu'il ne serait point méprisé par elles, quelque faible qu'il fût, et offrant, si elles avaient quelque défiance, de jurer sur l'Évangile qu'il était prêt à sacrifier sa vie pour la défense des droits du jeune comte.

Il y avait dans la voix de l'inconnu une telle expression de vérité, que, quoique les deux femmes ignorassent encore si son courage et son expérience répondaient à la confiance qu'il leur avait inspirée, elles acceptèrent ses services, lui disant qu'elles tenaient pour inutile tout autre serment que sa seule parole, et elles lui remirent la défense du château avec le commandement de leur petite armée.

Aussitôt, et comme il n'y avait pas de temps à perdre, le chevalier inconnu salua les deux dames et descendit dans la cour faire ses dispositions.

Là, ayant réuni tout son monde, il vit qu'il pouvait disposer de douze cents hommes d'armes, sans compter les serviteurs et les valets, et, dès lors, les voyant animés du meilleur esprit, il résolut, quoique l'armée qui venait l'attaquer fût quatre fois plus nombreuse que la sienne, de ne point l'attendre derrière ses murs, mais d'aller au-devant d'elle dans la forêt.

En conséquence, il laissa, pour la défense du château, une centaine d'hommes d'armes avec tous les valets et les serviteurs, et, avec le reste, il s'apprêta à marcher à l'ennemi.

Au moment de partir, un vieux garde lui offrit de lui servir de guide; mais le chevalier inconnu lui répondit qu'ayant été élevé non loin de cette forêt, toutes les routes lui en étaient familières.

En effet, aux premières dispositions qu'il fit, les soldats reconnurent qu'il avait une science des lieux au moins égale à la leur, et leur confiance en lui s'en augmenta encore.

Le chevalier inconnu disposa son armée à l'endroit même où, vingt-trois ans auparavant, le comte Salwart avait été assassiné, et la comtesse Ermengarde faite prisonnière.

C'était un défilé qui semblait fait exprès pour une embuscade, et où deux cents hommes pouvaient lutter contre deux mille.

A peine les dispositions étaient-elles prises, que l'on aperçut l'armée de Gunther, qui, se reposant sur sa force numérique, et surtout sur le peu de résistance qu'on lui avait opposé jusque-là, s'avançait pleine de confiance et sans prendre d'autre précaution que de se faire précéder d'une avant-garde. Le chevalier inconnu laissa passer cette avant-garde ; puis, lorsque l'armée tout entière fut engagée dans le défilé, il donna le signal convenu, et les Highlands se virent écrasés par des rochers, sans qu'ils pussent même distinguer la main vengeresse qui les poussait sur eux.

En même temps, et lorsqu'il vit que le désordre commençait à se mettre dans leurs rangs, le chevalier inconnu les attaqua lui-même de front, avec un grand bruit de cors et de fanfares, qui, répété par les échos de la forêt, pouvait faire croire à un nombre de soldats triple de celui qu'il avait réellement.

Gunther paya bravement de sa personne ; mais les dispositions étaient trop bien prises pour que la victoire restât longtemps incertaine.

Après un combat de deux heures, l'armée des Highlands fut mise en fuite et taillée en pièces, et Gunther lui-même, pressé vivement, parvint à grand'peine à se sauver avec une centaine d'hommes. Arrivé au bord de la mer, il se jeta dans un de ses navires, et, tout honteux de sa défaite, regagna nuitamment sa capitale.

Les vainqueurs rentrèrent au château, rapportant aux deux femmes cette bonne nouvelle, mais rapportant le chevalier inconnu blessé à mort.

Elles allèrent au-devant de leur libérateur, qui, en les voyant s'approcher de lui, leva la visière de son casque, et elles reconnurent Phinard, le vieux prince de Buck, qui, trois ans auparavant, avait fait à Lydéric la cession de ses États, et s'était retiré dans la forêt pour y accomplir la pénitence qu'il s'était imposée.

Au fond de sa retraite, il avait appris le danger que couraient les deux princesses et le jeune comte; il avait alors revêtu une dernière fois les armes mondaines pour venir à leur secours.

Dieu avait béni son entreprise, et, par un jeu du hasard ou plutôt par une permission de la Providence, l'expiation avait eu lieu à l'endroit même où avait été commis le crime.

Phinard expira le lendemain, priant les deux princesses de ne pas lui chercher une autre tombe que celle qui avait été creusée miraculeusement pour lui dans la cour déserte pendant la nuit qui avait amené sa conversion. Il y fut enterré selon ses désirs. Dieu ait son âme!

Quant au jeune comte Andracus, il régna

pendant longues années avec joie et honneur, et eut un fils, qui fut monseigneur Baudouin Ier, surnommé Baudouin aux Côtes-de-fer.

Ceci est la véritable légende de Lyderic, premier comte de Flandre.

FIN.

TABLE DES CHAPITRES

DU TROISIÈME VOLUME.

FIN DE LA TABLE.

AVIS IMPORTANT.

Beaucoup des ouvrages publiés dans la COLLECTION HETZEL sont plus complets que les mêmes ouvrages publiés en France. Ils sont imprimés sur les manuscrits originaux en Belgique et n'ont point à subir les retranchements qu'exige souvent la législation française.

OUVRAGES PARUS OU A PARAITRE :

Le cadet de famille, par Alex. de Lavergne. 3 vol

Les chauffeurs, par Élie Berthet . . . . . 3 »

Richard Loyauté, par Champfleury . . . . . 1 »

La succession Le Camus, par le même . . . 1 »

La femme dans les temps anciens, par Jules Baissac. . . . . 1 »

La femme dans les temps modernes, id. . 1 »

Avatar, par Théophile Gautier 1

La jettatura, par le même . . . . 1 »

Charles le Téméraire, par Alex. Dumas. . 2 »

Causeries, par le même . . . . 4 »

L'homme aux contes, par le même . . . . 1 »

Histoire de mes bêtes, par le même . . . . 2 »

Le chasseur de sauvagine, par le même . 2 »

Scènes parisiennes, par Henry Monnier. . . 1 »

Les petites gens, par le même . . . . . . 1 »

Comédies bourgeoises, par le même . . . . . 1 »

Ce qu'on a dit des enfants, par É. Deschanel. 1 »

Histoire de la conversation, par le même . 1 »

L'esprit de Chamfort (précédé d'une histoire de Chamfort, par P.-J. Stahl) . . . . . 1 »

Dictionnaire des vices et des défauts des femmes, par Larcher. . . . . 1 »

Histoire du Diable, par A. Morel . . . . . 1 »

Le cochon de saint Antoine, par Ch. Hugo . 3 »

Séraphina Dariske, par A. de Bréhat. . . 1 »

Un drame à Calcutta, par le même. . . . 1 »

Le bossu, par Paul Féval. . . . . 6 »

Les compagnons du silence, par le même . 8 »

Les gentlemen de grands chemins, par Aycard 2 »

Les ruines de Paris, par Ch. Monselet. . . 2 »

Euphrosine, par F. de Grammont. . . . . . 1 »

Claire Stevart, par J. Demoulin . . . . . 2 »

www.ingramcontent.com/pod-product-compliance
Ingram Content Group UK Ltd.
Pitfield, Milton Keynes, MK11 3LW, UK
UKHW021135260726
13994UKWH00001B/141